ai

e

ie

, *aujour-*

'Afrique

avants).

cie?
t le big-

'avène-

(Essai

Je remercie les amis qui ont bien voulu m'aider dans la préparation de ce livre : Jean-Louis Bouttes, Roland Havas, François Wahl, pour le texte ; Jacques Azanza, Youssef Baccouche, Isabelle Bardet, Alain Benchaya, Myriam de Ravignan, Denis Roche, pour les images.

roland

BARTHES

par roland barthes

Éditions du Seuil

La première édition de cet ouvrage a été publiée
en 1975 au Seuil dans la collection « Écrivains de toujours ».

ISBN 978-2-7578-4985-9
(ISBN 978-2-02-000096-3, 1re publication)

Voici, pour commencer, quelques images : elles sont la part du plaisir que l'auteur s'offre à lui-même en terminant son livre. Ce plaisir est de fascination (et par là même assez égoïste). Je n'ai retenu que les images qui me sidèrent, sans que je sache pourquoi (cette ignorance est le propre de la fascination, et ce que je dirai de chaque image ne sera jamais qu'imaginaire).

Or, il faut le reconnaître, ce sont seulement les images de ma jeunesse qui me fascinent. Cette jeunesse ne fut pas malheureuse, grâce à l'affection qui m'entourait ; elle fut néanmoins assez ingrate, par solitude et gêne matérielle. Ce n'est donc pas la nostalgie d'un temps heureux qui me tient enchanté devant ces photographies, mais quelque chose de plus trouble.

Lorsque la méditation (la sidération) constitue l'image en être détaché, lorsqu'elle en fait l'objet d'une jouissance immédiate, elle n'a plus rien à voir avec la réflexion, fût-elle rêveuse, d'une identité ; elle se tourmente et s'enchante d'une vision qui n'est nullement morphologique (je ne me ressemble jamais), mais plutôt organique. Embrassant tout le champ parental, l'imagerie agit comme un médium et me met en rapport avec le « ça » de mon corps ; elle suscite en moi une sorte de rêve obtus, dont les unités sont des dents, des cheveux, un nez, une maigreur, des jambes à longs bas, qui ne m'appartiennent pas, sans pourtant appartenir à personne d'autre qu'à moi : me voici dès lors en état d'inquiétante familiarité : je vois la fissure du sujet (cela même dont il ne peut rien dire). Il s'ensuit que la photographie de jeunesse est à la fois très indiscrète

9

(c'est mon corps du dessous qui s'y donne à lire) et très discrète (ce n'est pas de « moi » qu'elle parle).

On ne trouvera donc ici, mêlées au roman familial, que les figurations d'une préhistoire du corps – de ce corps qui s'achemine vers le travail, la jouissance d'écriture. Car tel est le sens théorique de cette limitation : manifester que le temps du récit (de l'imagerie) finit avec la jeunesse du sujet : il n'y a de biographie que de la vie improductive. Dès que je produis, dès que j'écris, c'est le Texte lui-même qui me dépossède (heureusement) de ma durée narrative. Le Texte ne peut rien raconter ; il emporte mon corps ailleurs, loin de ma personne imaginaire, vers une sorte de langue sans mémoire, qui est déjà celle du Peuple, de la masse insubjective (ou du sujet généralisé), même si j'en suis encore séparé par ma façon d'écrire.

L'imaginaire d'images sera donc arrêté à l'entrée dans la vie productive (qui fut pour moi la sortie du sanatorium). Un autre imaginaire s'avancera alors : celui de l'écriture. Et pour que cet imaginaire-là puisse se déployer (car telle est l'intention de ce livre) sans être jamais retenu, assuré, justifié par la représentation d'un individu civil, pour qu'il soit libre de ses signes propres, jamais figuratifs, le texte suivra sans images, sinon celles de la main qui trace.

La demande d'amour.

Bayonne, Bayonne, ville parfaite : fluviale,
aérée d'entours sonores (Mouserolles, Marrac,
Lachepaillet, Beyris), et cependant ville enfermée,
ville romanesque : Proust, Balzac, Plassans.
Imaginaire primordial de l'enfance : la province
comme spectacle, l'Histoire comme odeur,
la bourgeoisie comme discours.

Par un chemin semblable, descente régulière
vers la Poterne (odeurs) et le centre de la ville.
On croisait là quelque dame de la bourgeoisie
bayonnaise qui remontait vers sa villa des
Arènes, un petit paquet du « Bon Goût » à la
main.

Les trois jardins.

« Cette maison était une véritable merveille écologique : peu grande, posée sur le côté d'un jardin assez vaste, on aurait dit un jouet-maquette en bois (tant le gris délavé de ses volets était doux). Avec la modestie d'un chalet, elle était pourtant pleine de portes, de fenêtres basses, d'escaliers latéraux, comme un château de roman. D'un seul tenant, le jardin contenait cependant trois espaces symboliquement différents (et passer la limite de chaque espace était un acte notable). On traversait le premier jardin pour arriver à la maison ; c'était le jardin mondain, le long duquel on raccompagnait à petits pas, à grandes haltes, les dames bayonnaises. Le second jardin, devant la maison elle-même, était fait de menues allées arrondies autour de deux pelouses jumelles ; il y poussait des roses, des hortensias (fleur ingrate du Sud-Ouest), de la louisiane, de la rhubarbe, des herbes ménagères dans de vieilles caisses, un grand magnolia dont les fleurs blanches arrivaient à la hauteur des chambres du premier étage ; c'était là que, pendant l'été, impavides sous les moustiques, les dames B. s'installaient sur des chaises basses pour faire des tricots compliqués. Au fond, le troisième jardin, hormis un petit verger de pêchers et de framboisiers, était indéfini, tantôt en friche, tantôt planté de légumes grossiers ; on y allait peu, et seulement dans l'allée centrale. »

Le mondain, le casanier, le sauvage : n'est-ce pas la tripartition même du désir social ? De ce jardin bayonnais, je passe sans m'étonner aux espaces romanesques et utopiques de Jules Verne et de Fourier.

(Cette maison a aujourd'hui disparu, emportée par l'Immobilier bayonnais.)

Le grand jardin formait un territoire assez
étranger. On aurait dit qu'il servait principalement
à enterrer les portées excédentaires de petits chats.
Au fond, une allée plus sombre et deux boules
creuses de buis : quelques épisodes de sexualité
enfantine y eurent lieu.

Me fascine : la bonne.

Les deux grands-pères.

*Dans sa vieillesse, il s'ennuyait. Toujours assis
à table avant l'heure (bien que cette heure fût
sans cesse avancée), il vivait de plus en plus en
avance, tant il s'ennuyait. Il ne tenait
aucun discours.*

Il aimait à calligraphier des programmes
d'auditions musicales, ou à bricoler des lutrins,
des boîtes, des gadgets en bois. Lui non plus
ne tenait aucun discours.

Les deux grand-mères.

L'une était belle, parisienne. L'autre était bonne, provinciale : imbue de bourgeoisie – non de noblesse, dont elle était pourtant issue –, elle avait un sentiment vif du récit social qu'elle menait dans un français soigné de couvent où persistaient les imparfaits du subjonctif ; le potin mondain la brûlait comme une passion amoureuse ; l'objet principal du désir était une certaine Mme Lebœuf, veuve d'un pharmacien (enrichi par l'invention d'un coaltar), sorte de boulingrin noir, bagué et moustachu, qu'il s'agissait d'attirer au thé mensuel (la suite dans Proust).

(Dans ces deux grand-familles, le discours était aux femmes. Matriarcat ? En Chine, il y a très longtemps, toute la communauté était enterrée autour de la grand-mère.)

La sœur du père :
elle fut seule toute sa vie.

Le père, mort très tôt (à la guerre), n'était pris dans aucun discours du souvenir ou du sacrifice. Par le relais maternel, sa mémoire, jamais oppressive, ne faisait qu'effleurer l'enfance, d'une gratification presque silencieuse.

Le museau blanc du tram de mon enfance.

Souvent, le soir, pour rentrer, crochet par les Allées marines, le long de l'Adour : grands arbres, bateaux en déshérence, vagues promeneurs, dérive de l'ennui : il rôdait là une sexualité de jardin public.

L'écriture n'a-t-elle pas été pendant des siècles
la reconnaissance d'une dette, la garantie d'un échange,
le seing d'une représentation ? Mais aujourd'hui,
l'écriture s'en va doucement vers l'abandon des dettes
bourgeoises, vers la perversion, l'extrémité du sens,
le texte...

Le roman familial.

*D'où viennent-ils ? D'une famille de notaires
de la Haute-Garonne. Me voilà pourvu d'une race,
d'une classe. La photo, policière, le prouve. Ce jeune
homme aux yeux bleus, au coude pensif, sera le père
de mon père. Dernière stase de cette descente : mon
corps. La lignée a fini par produire un être pour rien.*

De génération en génération, le thé : indice bourgeois et charme certain.

Le stade du miroir :
« tu es cela ».

Du passé, c'est mon enfance qui me fascine le plus ;
elle seule, à la regarder, ne me donne pas le regret
du temps aboli. Car ce n'est pas l'irréversible que je
découvre en elle, c'est l'irréductible : tout ce qui est
encore en moi, par accès ; dans l'enfant, je lis à corps
découvert l'envers noir de moi-même, l'ennui,
la vulnérabilité, l'aptitude aux désespoirs
(heureusement pluriels), l'émoi interne, coupé
pour son malheur de toute expression.

Contemporains ?

Je commençais à marcher,
Proust vivait encore,
et terminait la Recherche.

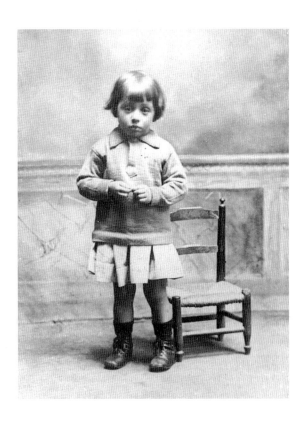

Enfant, je m'ennuyais souvent et beaucoup.
Cela a commencé visiblement très tôt, cela s'est
continué toute ma vie, par bouffées (de plus en plus
rares, il est vrai, grâce au travail et aux amis), et
cela s'est toujours vu. C'est un ennui panique, allant
jusqu'à la détresse : tel celui que j'éprouve dans les
colloques, les conférences, les soirées étrangères, les
amusements de groupe : partout où l'ennui peut se
voir. L'ennui serait-il donc mon hystérie ?

Détresse :
la conférence.

Ennui :
la table ronde.

« *Le délice de ces matinées à U. : le soleil, la maison, les roses, le silence, la musique, le café, le travail, la quiétude insexuelle, la vacance des agressions...* »

La famille sans le familialisme.

« Nous, toujours nous »...

... aux amis près.

*Mutation brusque du corps (à la sortie
du sanatorium) : il passe (ou croit passer)
de la maigreur à l'embonpoint. Depuis, débat
perpétuel avec ce corps pour lui rendre sa
maigreur essentielle (imaginaire d'intellectuel :
maigrir est l'acte naïf du vouloir-être-intelligent).*

*En ce temps-là, les lycéens
étaient de petits messieurs.*

9 Sujet fort bien compris, traité avec goût, personnalité, et de
façon très intéressante, — dans un style un peu gauche par endroits, mais
Barthes toujours savoureux. — La "Pénétrabilité" Samedi 13 Mai 1933.
1A1 imaginée par vous est assez curieuse; trop peu assez présentée. Croyez-
vous qu'on doive attendre une "révolution sociale" pour que la supériorité
de la tête bien faite sur la tête bien pleine apparaisse ?
. Devoir de français.

Quel est cet on mystérieux ?
— Votre première phrase est loin d'être
claire.

" J'ai lu dans un li-
vre qu'on nous apprend à vivre
quand la vie est passée. La leçon
fut cruelle pour moi, qui, après avoir
passé la première partie de ma jeunesse dans l'illusion trompeuse
d'être un homme invincible parce
qu'instruit, me vois aujourd'hui,
grâce aux hasards des mouvements
politiques, réduit à un rôle secondaire
et fort décevant.

Impr. Ce n'est pas le rôle joué qui
est décevant ; c'est l'espèce d'en arrière un
plus brillant.

Illis.

. Issu de l'honorable bourgeoisie d'autrefois, qui ne prévoyait
certes pas qu'elle touchait à sa perte,
je fus élevé par un précepteur à
l'ancienne mode, qui m'enseigna
beaucoup de choses ; il croyait qu'il

Toute loi qui opprime un discours
est insuffisamment fondée.

Darios, que je jouais toujours avec le plus grand trac, avait deux longues tirades dans lesquelles je risquais sans cesse de m'embrouiller : j'étais fasciné par la tentation de penser à autre chose. *Par les petits trous du masque, je ne pouvais rien voir, sinon très loin, très haut ; pendant que je débitais les prophéties du roi mort, mon regard se posait sur des objets inertes et libres, une fenêtre, un encorbellement, un coin de ciel : eux, au moins, n'avaient pas peur. Je m'en voulais de m'être laissé prendre dans ce piège inconfortable – tandis que ma voix continuait son débit égal, rétive aux* expressions *que j'aurais dû lui donner.*

D'où vient donc cet air-là ?
La Nature ? le Code ?

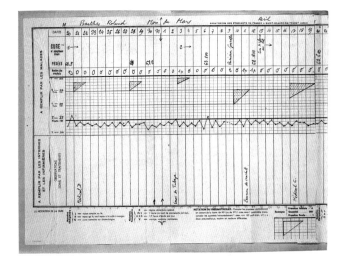

La tuberculose-rétro.

(Chaque mois on collait une nouvelle feuille au
bout de l'ancienne ; à la fin, il y en avait des mètres :
façon-farce d'écrire son corps dans le temps.)
Maladie indolore, inconsistante, maladie propre,
sans odeurs, sans « ça » ; elle n'avait d'autres
marques que son temps, interminable, et le tabou
social de la contagion ; pour le reste, on était
malade ou guéri, abstraitement, par un pur décret
du médecin ; et, tandis que les autres maladies
désocialisent, la tuberculose, elle, vous projetait
dans une petite société ethnographique qui tenait
de la peuplade, du couvent et du phalanstère : rites,
contraintes, protections.

Mais je n'ai jamais ressemblé à cela ! – Comment le savez-vous ? Qu'est-ce que ce « vous » auquel vous ressembleriez ou ne ressembleriez pas ? Où le prendre ? À quel étalon morphologique ou expressif ? Où est votre corps de vérité ? Vous êtes le seul à ne pouvoir jamais vous voir qu'en image, vous ne voyez jamais vos yeux, sinon abêtis par le regard qu'ils posent sur le miroir ou sur l'objectif (il m'intéresserait seulement de voir mes yeux quand ils te regardent) : même et surtout pour votre corps, vous êtes condamné à l'imaginaire.

1942

1970

*Mon corps n'est libre de tout imaginaire que
lorsqu'il retrouve son espace de travail.
Cet espace est partout le même, patiemment adapté
à la jouissance de peindre, d'écrire, de classer.*

Vers l'écriture.

Les arbres sont des alphabets, disaient les Grecs.
Parmi tous les arbres-lettres, le palmier est le plus
beau. De l'écriture, profuse et distincte comme le jet
de ses palmes, il possède l'effet majeur : la retombée.

> Dans le Nord, un pin solitaire
> Se dresse sur une colline aride.
> Il sommeille ; la neige et la glace
> L'enveloppent de leur manteau blanc.
>
> Il rêve d'un beau palmier,
> Là-bas au pays du soleil,
> Qui se désole, morne et solitaire,
> Sur la falaise de feu.
>
> Henri Heine.

Actif/réactif

Dans ce qu'il écrit, il y a deux textes. Le texte I est réactif, mû par des indignations, des peurs, des ripostes intérieures, de petites paranoïas, des défenses, des scènes. Le texte II est actif, mû par le plaisir. Mais en s'écrivant, en se corrigeant, en se pliant à la fiction du Style, le texte I devient lui-même actif ; dès lors il perd sa peau réactive, qui ne subsiste plus que par plaques (dans de menues parenthèses).

L'adjectif

Il supporte mal toute *image* de lui-même, souffre d'être nommé. Il considère que la perfection d'un rapport humain tient à cette vacance de l'image : abolir entre soi, de l'un à l'autre, les *adjectifs* ; un rapport qui s'adjective est du côté de l'image, du côté de la domination, de la mort.

(Au Maroc, ils n'avaient visiblement de moi aucune image ; l'effort que je faisais, en bon Occidental, pour être *ceci* ou *cela,* restait sans réponse : ni *ceci* ni *cela* ne m'était renvoyé sous la forme d'un bel adjectif ; il ne leur venait pas à l'idée de me commenter, ils refusaient, à leur insu, de nourrir et de flatter mon imaginaire. Dans un premier temps, cette matité de la relation humaine avait quelque chose d'épuisant ; mais elle apparaissait peu à peu comme un bien de civilisation ou comme la forme véritablement dialectique de l'entretien amoureux.)

Gaucher.

L'aise

Hédoniste (puisqu'il se croit tel), il veut un état qui est en somme le confort ; mais ce confort est plus compliqué que le confort ménager dont notre société fixe les éléments : c'est un confort qu'il s'arrange, qu'il se bricole lui-même (tel mon grand-père B., à la fin de sa vie, s'était aménagé une petite estrade le long de sa fenêtre, pour mieux voir le jardin tout en travaillant). Ce confort personnel, on pourrait l'appeler : l'*aise*. L'aise reçoit une dignité théorique (« Nous n'avons pas à prendre nos distances à l'égard du formalisme, mais seulement nos aises », *1971*, I*), et aussi une force éthique : c'est la perte volontaire de tout héroïsme, *même dans la jouissance*.

Le démon de l'analogie

La bête noire de Saussure, c'était l'*arbitraire* (du signe). La sienne, c'est l'*analogie*. Les arts « analogiques » (cinéma, photographie), les méthodes « analogiques » (la critique universitaire, par exemple) sont discrédités. Pourquoi ? Parce que l'analogie implique un effet de Nature : elle constitue le « naturel » en source de vérité ; et ce qui ajoute à la malédiction de l'analogie, c'est qu'elle est irrépressible (*Ré*, 394, IV) : dès qu'une forme est vue, *il faut* qu'elle ressemble à quelque chose : l'humanité semble condamnée à l'Analogie, c'est-à-dire en fin de compte à la Nature. D'où l'effort des peintres, des écrivains, pour y échapper. Comment ? Par deux excès contraires, ou, si l'on préfère, deux *ironies*, qui mettent l'Analogie en dérision, soit en feignant un respect spectaculairement *plat*

---

* Voir les références des textes cités, p. 235. La pagination est celle des *Œuvres complètes*.

(c'est la Copie, qui, elle, est sauvée), soit en déformant *régulièrement* – selon des règles – l'objet mimé (c'est l'Anamorphose, *CV*, 792, II).

En dehors de ces transgressions, ce qui s'oppose bénéfiquement à la perfide Analogie, c'est la simple correspondance structurale : l'*Homologie*, qui réduit le rappel du premier objet à une allusion proportionnelle (étymologiquement, c'est-à-dire en des temps heureux du langage, *analogie* voulait dire *proportion*).

(Le taureau voit rouge lorsque son leurre lui tombe sous le nez ; les deux rouges coïncident, celui de la colère et celui de la cape : le taureau est en pleine analogie, c'est-à-dire *en plein imaginaire*. Lorsque je résiste à l'analogie, c'est en fait à l'imaginaire que je résiste : à savoir : la coalescence du signe, la similitude du signifiant et du signifié, l'homéomorphisme des images, le Miroir, le leurre captivant. Toutes les explications scientifiques qui ont recours à l'analogie – et elles sont légion – participent du leurre, elles forment l'imaginaire de la Science.)

Au tableau noir

M. B., professeur de la classe de Troisième A au lycée Louis-le-Grand, était un petit vieillard, socialiste et national. Au début de l'année, il recensait solennellement au tableau noir les parents des élèves qui étaient « tombés au champ d'honneur » ; les oncles, les cousins abondaient, mais je fus le seul à pouvoir annoncer un père ; j'en fus gêné, comme d'une marque excessive. Cependant, le tableau effacé, il ne restait rien de ce deuil proclamé – sinon, dans la vie réelle qui, elle, est toujours silencieuse, la figure d'un foyer sans ancrage social : pas de père à tuer, pas de famille à haïr, pas de milieu à réprouver : grande frustration œdipéenne !

(Ce même M. B., le samedi après-midi, par manière de distraction, demandait à un élève de lui suggérer un sujet de réflexion, n'importe lequel, et si saugrenu fût-il, il ne renonçait jamais à en tirer une petite dictée, qu'il improvisait en se promenant dans la classe, attestant ainsi sa maîtrise morale et son aisance de rédaction.)

Affinité carnavalesque du fragment et de la dictée : la dictée reviendra parfois ici, comme figure obligée de l'écriture sociale, lambeau de la rédaction scolaire.

L'argent

Par la pauvreté, il a été un enfant *désocialisé*, mais non déclassé : il n'appartenait à aucun milieu (à B., lieu bourgeois, il n'allait que pour les vacances : *en visite*, et comme à un spectacle) ; il ne participait pas aux valeurs de la bourgeoisie, dont il ne pouvait s'indigner, puisqu'elles n'étaient à ses yeux que des scènes de langage, relevant du genre romanesque ; il participait seulement à son art de vivre (*1971,* II). Cet art subsistait, incorruptible, au milieu des crises d'argent ; on connaissait, non la misère, mais la gêne ; c'est-à-dire : la terreur des termes, les problèmes de vacances, de chaussures, de livres scolaires, et même de nourriture. De cette privation *supportable* (la gêne l'est toujours) est peut-être sortie une petite philosophie de la compensation libre, de la surdétermination des plaisirs, de l'*aise* (qui est précisément l'antonyme de la gêne). Son problème formateur fut sans doute l'argent, non le sexe.

Au plan des valeurs, l'argent a deux sens contraires (c'est un énantiosème) : il est très vivement condamné, surtout au théâtre (beaucoup de sorties contre le théâtre d'argent, alentour 1954), puis réhabilité, à la suite de Fourier, par réaction contre les trois moralismes qui lui sont opposés : le marxiste, le chrétien et le freudien (*SFL*, 777, III). Cependant, bien sûr, ce qui est défendu, ce n'est pas l'argent retenu, engoncé, engorgé ; c'est l'argent dépensé, gaspillé, charrié par le mouvement même de la perte, rendu brillant par le luxe d'une production ; l'argent devient alors métaphoriquement de l'or : l'Or du Signifiant.

Le vaisseau Argo

Image fréquente : celle du vaisseau Argo (lumineux et blanc), dont les Argonautes remplaçaient peu à peu chaque pièce, en sorte qu'ils eurent pour finir un vaisseau entièrement nouveau, sans avoir à en changer le nom ni la forme. Ce vaisseau Argo est bien utile : il fournit l'allégorie d'un objet éminemment structural, créé, non par le génie, l'inspiration, la détermination, l'évolution, mais par deux actes modestes (qui ne peuvent être saisis dans aucune mystique de la création) : la *substitution* (une pièce chasse l'autre, comme dans un paradigme) et la *nomination* (le nom n'est nullement lié à la stabilité des pièces) : à force de combiner à l'intérieur d'un même nom, il ne reste plus rien de l'*origine* : Argo est un objet sans autre cause que son nom, sans autre identité que sa forme.

Autre Argo : j'ai deux espaces de travail, l'un à Paris, l'autre à la campagne. De l'un à l'autre, aucun objet commun, car rien n'est jamais transporté. Cependant ces lieux sont identiques. Pourquoi ? Parce que la disposition des outils (papier, plumes, pupitres, pendules, cendriers) est la même : c'est la structure de l'espace qui en fait l'identité. Ce phénomène privé suffirait à éclairer sur le structuralisme : le système prévaut sur l'être des objets.

L'arrogance

Il n'aime guère les discours de victoire. Supportant mal l'humiliation de quiconque, dès qu'une victoire se dessine quelque part, il a envie de se porter *ailleurs* (s'il était dieu, il renverserait sans cesse les victoires – ce que d'ailleurs fait Dieu !). Passée au plan du discours, la victoire la plus juste devient une mauvaise valeur de langage, une *arrogance* : le mot, rencontré chez Bataille, qui parle quelque part des arrogances de la science, a été étendu à tous les discours triomphants. Je subis donc trois arrogances : celle de la Science, celle de la *Doxa*, celle du Militant.

La *Doxa* (mot qui va revenir souvent), c'est l'Opinion publique, l'Esprit majoritaire, le Consensus petit-bourgeois, la Voix du Naturel, la Violence du Préjugé. On peut appeler *doxologie* (mot de Leibniz) toute manière de parler adaptée à l'apparence, à l'opinion ou à la pratique.

Il regrettait parfois de s'être laissé intimider par des langages. Quelqu'un alors lui disait : mais, sans cela, vous n'auriez pas pu écrire ! L'arrogance circule, comme un vin fort parmi les convives du texte. L'intertexte ne comprend pas seulement des textes délicatement choisis, secrètement aimés, libres, discrets, généreux, mais aussi des textes communs, triomphants. Vous pouvez vous-même être le texte arrogant d'un autre texte.

Il n'est pas très utile de dire « idéologie dominante », car c'est un pléonasme : l'idéologie n'est rien d'autre que l'idée en tant qu'elle domine (*PlT*, 238, IV). Mais je puis renchérir subjectivement et dire : *idéologie arrogante*.

a soothsayer of Ancient Rome

Le geste de l'aruspice

Dans *S/Z* (129, III), la lexie (le fragment de lecture) est comparée à ce morceau de ciel découpé par le bâton de l'aruspice. Cette image lui a plu : ce devait être beau, autrefois, ce bâton pointé vers le ciel, c'est-à-dire vers l'impointable ; et puis ce geste est fou : tracer solennellement une limite dont il ne reste immédiatement *rien*, sinon la rémanence intellectuelle d'un découpage, s'adonner à la préparation totalement rituelle et totalement arbitraire d'un sens.

L'assentiment, non le choix

« De quoi s'agit-il ? C'est la guerre de Corée. Un petit groupe de volontaires des forces françaises patrouille vaguement dans les broussailles de la Corée du Nord. L'un d'eux, blessé, est recueilli par une petite fille coréenne, qui le mène à son village, où les paysans l'accueillent : le soldat choisit de rester parmi eux, avec eux. *Choisir*, c'est du moins notre langage. Ce n'est pas tout à fait celui de Vinaver : en fait nous n'assistons ni à un choix, ni à une conversion, ni à une désertion, mais plutôt à un *assentiment* progressif : le soldat acquiesce au monde coréen qu'il découvre... » (À propos d'*Aujourd'hui ou Les Coréens*, de Michel Vinaver, *1956*.)

Bien plus tard (1974), à l'occasion du voyage en Chine, il a essayé de reprendre ce mot d'*assentiment*, pour faire comprendre aux lecteurs du *Monde* – c'est-à-dire à *son* monde – qu'il ne « choisissait » pas la Chine (bien trop d'éléments lui manquaient pour éclairer ce choix), mais qu'il *acquiesçait* dans le silence (qu'il appela « fadeur »), tel le soldat de Vinaver, à ce qui s'y travaillait. Ceci ne fut guère compris : ce que réclame le public intellectuel, c'est un *choix* : il fallait sortir de la Chine comme un taureau qui jaillit du toril dans l'arène comble : furieux ou triomphant.

Vérité et assertion

Son malaise, parfois très vif – allant certains soirs, après avoir écrit toute la journée, jusqu'à une sorte de peur –, venait de ce qu'il avait le sentiment de produire un discours double, dont le mode excédait en quelque sorte la visée : car la visée de son discours n'est pas la vérité, et ce discours est néanmoins assertif.

(C'est une gêne qu'il a eue très tôt ; il s'efforce de la dominer – faute de quoi il devrait cesser d'écrire – en se représentant que c'est le langage qui est assertif, non lui. Quel remède dérisoire, tout le monde devrait en convenir, que d'ajouter à chaque phrase quelque clausule d'incertitude, comme si quoi que ce soit venu du langage pouvait faire trembler le langage.)

(Par un même sentiment, à chaque chose qu'il écrit, il imagine qu'il va blesser l'un de ses amis – jamais le même : ça tourne.)

L'atopie

Fiché : je suis fiché, assigné à un lieu (intellectuel), à une résidence de caste (sinon de classe). Contre quoi une seule doctrine intérieure : celle de l'*atopie* (de l'habitacle en dérive). L'atopie est supérieure à l'utopie (l'utopie est réactive, tactique, littéraire, elle procède du sens et le fait marcher).

L'autonymie

La copie énigmatique, celle qui intéresse, c'est la copie décrochée : tout en même temps, elle reproduit et retourne : elle ne peut reproduire qu'en retournant, elle trouble l'enchaînement infini des répliques. Ce soir, les deux garçons du Flore vont prendre l'apéro au Bonaparte ; l'un a sa « dame », l'autre a oublié de prendre ses suppositoires contre la grippe ; ils sont servis (Pernod et Martini) par le jeune garçon du Bonaparte qui, lui, est en service (« Excuses, je savais pas que c'était votre dame ») : ça circule, dans la familiarité et la réflexivité, et cependant les rôles restent par force séparés. Mille exemples de cette *réverbération*, toujours fascinante : coiffeur se faisant coiffer, cireur (au Maroc) se faisait cirer, cuisinière se faisant à manger, comédien allant au théâtre à son jour de relâche, cinéaste qui voit des films, écrivain qui lit des livres ; Mlle M., dactylographe d'âge, ne peut écrire sans rature le mot « rature » ; M., entremetteur, ne trouve personne qui lui procure (pour son usage personnel) les sujets qu'il fournit à ses clients, etc. Tout cela, c'est l'*autonymie* : le strabisme inquiétant (comique et plat) d'une opération en boucle : quelque chose comme un anagramme, une surimpression inversée, un écrasement de niveaux.

La baladeuse

Autrefois un tramway blanc faisait le service de Bayonne à Biarritz ; l'été, on y attelait un wagon tout ouvert, sans coupé : la baladeuse. Grande joie, tout le monde voulait y monter : le long d'un paysage peu chargé, on jouissait à la fois du panorama, du mouvement, de l'air. Aujourd'hui, ni la baladeuse ni le tramway ne sont plus, et le voyage de Biarritz est une corvée. Ceci n'est pas pour embellir mythiquement le passé, ni pour dire le regret d'une jeunesse perdue, en feignant de regretter un tramway. Ceci est pour dire que l'art de vivre n'a pas d'histoire : il n'évolue pas : le plaisir qui tombe, tombe à jamais, insubstituable. D'autres plaisirs viennent, qui ne remplacent rien. *Pas de progrès dans les plaisirs*, rien que des mutations.

Quand je jouais aux barres...

Quand je jouais aux barres, au Luxembourg, mon plus grand plaisir n'était pas de provoquer l'adversaire et de m'offrir témérairement à son droit de prise ; c'était de délivrer les prisonniers – ce qui avait pour effet de remettre toutes les parties en circulation : le jeu repartait à zéro. Dans le grand jeu des pouvoirs de parole, on joue aussi aux barres : un langage n'a barre sur l'autre que temporairement ; il suffit qu'un troisième surgisse du rang, pour que l'assaillant soit contraint à la retraite : dans le conflit des rhétoriques, la victoire n'est jamais qu'*au tiers langage*. Ce langage-là a pour tâche de délivrer les prisonniers : d'éparpiller les signifiés, les catéchismes. Comme aux barres, *langage sur langage*, à l'infini, telle est la loi qui meut la logosphère. D'où d'autres images : celle de la main chaude (main sur main : la troisième revient, ce n'est plus la première), celle du jeu de la pierre, de la feuille et des ciseaux, celle de l'oignon, feuilleté de peaux sans noyau. Que la différence ne se paye d'aucune sujétion : pas de dernière réplique.

Noms propres

Une partie de son enfance a été prise dans une écoute particulière : celle des noms propres de l'ancienne

60

bourgeoisie bayonnaise, qu'il entendait répéter à longueur de journée par sa grand-mère, éprise de mondanité provinciale. Ces noms étaient très français, et dans ce code même, néanmoins souvent originaux ; ils formaient une guirlande de signifiants étranges à mes oreilles (à preuve que je me les rappelle très bien : pourquoi ?) : Mmes Lebœuf, Barbet-Massin, Delay, Voulgres, Poques, Léon, Froisse, de Saint-Pastou, Pichoneau, Poymiro, Novion, Puchulu, Chantal, Lacape, Henriquet, Labrouche, de Lasbordes, Didon, de Ligneroles, Garance. Comment peut-on avoir un rapport amoureux avec des noms propres ? Aucun soupçon de métonymie : ces dames n'étaient pas désirables, ni même gracieuses. Et pourtant, impossible de lire un roman, des Mémoires, sans cette gourmandise particulière (lisant Mme de Genlis, je surveille avec intérêt les noms de l'ancienne noblesse). Ce n'est pas seulement une linguistique des noms propres qu'il faut ; c'est aussi une érotique : le nom, comme la voix, comme l'odeur, ce serait le terme d'une langueur : désir et mort : « le dernier soupir qui reste des choses », dit un auteur du siècle dernier.

De la bêtise, je n'ai le droit...

D'un jeu musical entendu chaque semaine à FM et qui lui paraît « bête », il tire ceci : la bêtise serait un noyau dur et insécable, un *primitif* : rien à faire pour la décomposer *scientifiquement* (si une analyse scientifique de la bêtise était possible, toute la TV s'effondrerait). Qu'est-elle ? Un spectacle, une fiction esthétique, peut-être un fantasme ? Peut-être avons-nous envie de nous mettre dans le tableau ? C'est beau, c'est suffocant, c'est étrange ; et de la bêtise, je n'aurais le droit de dire, en somme, que ceci : *qu'elle me fascine*. La fascination, ce serait le sentiment *juste* que doit m'inspirer la bêtise (si on en vient à prononcer le nom) : elle *m'étreint* (elle est intraitable, rien n'a barre sur elle, elle vous prend dans le jeu de la main chaude).

L'amour d'une idée

Pendant un temps, il s'est enthousiasmé pour le binarisme ; le binarisme était pour lui un véritable objet amoureux. Cette idée ne lui paraissait jamais devoir finir d'être exploitée. Qu'on puisse dire tout *avec une seule différence* produisait en lui une sorte de joie, un étonnement continu.

Les choses intellectuelles ressemblant aux choses amoureuses, dans le binarisme, ce qui lui plaisait, c'était une figure. Cette figure, il la retrouvait, plus tard, identique, dans l'opposition des valeurs. Ce qui devait dévier (en lui) la sémiologie, en a d'abord été le principe de jouissance : une sémiologie qui a renoncé au binarisme ne le concerne plus guère.

La jeune fille bourgeoise

En plein trouble politique, il fait du piano, de l'aquarelle : toutes les fausses occupations d'une jeune fille bourgeoise au XIXe siècle. – J'inverse le problème : qu'est-ce qui, dans les pratiques de la jeune fille bourgeoise d'autrefois, excédait sa féminité et sa classe ? Quelle était l'utopie de ces conduites ? La jeune fille bourgeoise produisait inutilement, bêtement, pour elle-même, mais *elle produisait* : c'était sa forme de dépense à elle.

L'amateur — *l'artiste contre-bourgeois*

L'Amateur (celui qui fait de la peinture, de la musique, du sport, de la science, sans esprit de maîtrise ou de compétition), l'Amateur reconduit sa jouissance (*amator* : qui aime et aime encore) ; ce n'est nullement un héros (de la création, de la performance) ; il s'installe *gracieusement* (pour rien) dans le signifiant : dans la matière immédiatement définitive de la musique, de la peinture ; sa pratique, ordinairement, ne comporte aucun *rubato* (ce vol de l'objet au profit de l'attribut) ; il est – il sera peut-être – l'artiste contre-bourgeois.

Reproche de Brecht à R. B.

R. B. semble toujours vouloir *limiter* la politique. Ne connaît-il pas ce que Brecht semble avoir écrit tout exprès pour lui ?

« Je veux par exemple vivre avec peu de politique. Cela signifie que je ne veux pas être un sujet politique. Mais non que je veuille être objet de beaucoup de politique. Or il faut être objet ou sujet de politique ; il n'y a pas d'autre choix ; il n'est pas question de n'être ou ni l'un ni l'autre, ou les deux ensemble ; il paraît donc indispensable que je fasse de la politique et il ne m'appartient même pas de déterminer quelle quantité j'en dois faire. Cela étant, il est bien possible que ma vie entière doive être consacrée à la politique, voire même lui être sacrifiée. » (*Écrits sur la politique et la société,* p. 57.)

Son lieu (son *milieu*), c'est le langage : c'est là qu'il prend ou rejette, c'est là que son corps *peut* ou *ne peut pas*. Sacrifier sa vie langagière au discours politique ? Il veut bien être *sujet*, mais non *parleur* politique (le *parleur* : celui qui débite son discours, le raconte, et en même temps le notifie, le signe). Et c'est parce qu'il ne parvient pas à décoller le réel politique de son discours général, *répété,* que le politique lui est forclos. Cependant, de cette forclusion, il peut au moins faire le sens *politique* de ce qu'il écrit : c'est comme s'il était le témoin historique d'une contradiction : celle d'un sujet politique *sensible, avide et silencieux* (il ne faut pas séparer ces mots).

Le discours politique n'est pas le seul à se répéter, à se généraliser, à se fatiguer : dès qu'il y a quelque part une mutation du discours, il s'ensuit une vulgate et son cortège épuisant de phrases immobiles. Si ce phénomène commun lui paraît spécialement intolérable dans le cas du discours politique, c'est que la répétition y prend l'allure d'un *comble* : le politique se donnant pour science fondamentale du réel, nous le dotons fantasmatiquement d'une puissance dernière : celle de mater le langage, de réduire toute parlotte jusqu'à son résidu de réel. Comment dès lors tolérer sans deuil que le politique rentre lui aussi dans le rang des langages, et tourne au Babil ?

(Pour que le discours politique ne soit pas pris dans la répétition, il faut des conditions rares : ou bien qu'il institue lui-même un nouveau mode de discursivité : c'est le cas pour Marx ; ou bien, plus modestement, que, par une simple *intelligence* du langage – par la science de ses effets propres – , un auteur produise un texte politique à la fois strict et libre, qui assume la marque de sa singularité esthétique, comme s'il inventait et variait ce qui a été dit : c'est le cas de Brecht, dans les *Écrits sur la politique et la société* ; ou bien encore que le politique, à une profondeur obscure et comme invraisemblable, arme et transforme la matière même du langage : c'est le Texte, celui de *Lois,* par exemple.)

Le chantage à la théorie

Beaucoup de textes d'avant-garde (encore impubliés) sont *incertains* : comment les juger, les retenir, comment leur prédire un avenir, immédiat ou lointain ? Plaisent-ils ? Ennuient-ils ? Leur qualité évidente est d'ordre intentionnel : ils s'empressent de servir la théorie. Cependant cette qualité est *aussi* un chantage (un chantage à la théorie) : aimez-moi, gardez-moi, défendez-moi, puisque je suis conforme à la théorie que vous réclamez ; est-ce que je ne fais pas ce qu'ont fait Artaud, Cage, etc. ? – Mais Artaud, ce n'est pas seulement de l'« avant-garde » ; c'est *aussi* de l'écriture ; Cage a *aussi* du charme... – Ce sont là des attributs qui, *précisément*, ne sont pas reconnus par la théorie, parfois même sont vomis par elle. Accordez au moins votre goût et vos idées, etc. *(La scène continue, infinie.)*

Charlot

Enfant, il n'aimait pas tellement les films de Charlot ; c'est plus tard que, sans s'aveugler sur l'idéologie brouillonne et lénifiante du personnage (*My*, 700, I), il a trouvé une sorte de délice à cet art, à la fois très populaire (il l'a été) et très retors ; c'était un art *composé*, qui prenait en écharpe plusieurs goûts, plusieurs langages. De tels artistes provoquent une joie complète, parce qu'ils donnent l'image d'une culture à la fois différentielle et collective : plurielle. Cette image fonctionne alors comme le troisième terme, le terme subversif de l'opposition dans laquelle nous sommes enfermés : culture de masse *ou* culture supérieure.

Le plein du cinéma

Résistance au cinéma : le signifiant lui-même y est toujours, par nature, lisse, quelle que soit la rhétorique des plans ; c'est, sans rémission, un continuum d'images ; la pellicule (bien nommée : c'est une peau sans béance) *suit*, comme un ruban bavard : impossibilité statutaire du fragment, du haïku. Des contraintes de représentation (analogues aux rubriques obligatoires de la langue) obligent à tout recevoir : d'un homme qui marche dans la neige, avant même qu'il signifie, tout m'est donné ; dans l'écriture, au contraire, je ne suis pas obligé de voir comment sont faits les ongles du héros – mais, s'il lui prend envie, le Texte me dit, et avec quelle force, les ongles trop longs de Hölderlin.

(Ceci, à peine écrit, me paraît être un aveu d'imaginaire ; j'aurais dû l'énoncer comme une parole rêveuse qui chercherait à savoir pourquoi je résiste ou je désire ; malheureusement je suis condamné à l'assertion : il manque en français (et peut-être en toute langue) un mode grammatical qui dirait *légèrement* (notre conditionnel est bien trop lourd), non point le doute intellectuel, mais la valeur qui cherche à se convertir en théorie.)

Clausules

Souvent, dans les *Mythologies*, le politique est dans la pointe finale (par exemple : « On voit donc que les "belles images" de *Continent perdu* ne peuvent être innocentes : il ne peut être innocent de *perdre* le continent qui s'est retrouvé à Bandoeng »). Ce genre de clausules a sans doute une triple fonction : rhétorique (le tableau se ferme décorativement), signalétique (des analyses thématiques sont récupérées, *in extremis*, par

un projet d'engagement) et économique (à la dissertation politique on tente de substituer une ellipse plus
légère ; à moins que cette ellipse ne soit que le procédé
désinvolte par lequel on congédie une démonstration
qui va de soi).

Dans le *Michelet,* l'idéologie de cet auteur est expé-
diée en une page (initiale). R. B. garde et évacue le
sociologisme politique : il le garde comme signature, il
l'évacue comme ennui.

La coïncidence

Je m'enregistre jouant au piano ; au départ, c'est par
curiosité de *m'entendre* ; mais très vite je ne m'entends
plus ; ce que j'entends, c'est, quelque apparence de
prétention qu'il y ait à le dire, l'*être-là* de Bach et de
Schumann, la matérialité pure de leur musique ; parce
qu'il s'agit de mon énonciation, le prédicat perd toute
pertinence ; en revanche, fait paradoxal, si j'écoute
Richter ou Horowitz, mille adjectifs me viennent : je les
entends, eux, et non pas Bach ou Schumann. – Que se
passe-t-il donc ? Lorsque je m'écoute *ayant joué* – passé
un premier moment de lucidité où je perçois une à une
les fautes que j'ai faites – , il se produit une sorte de
coïncidence rare : le passé de mon jeu coïncide avec le
présent de mon écoute, et dans cette coïncidence s'abolit
le commentaire : il ne reste plus que la musique (il va de
soi que ce qui reste, ce n'est nullement la « vérité » du
texte, comme si j'avais retrouvé le « vrai » Schumann
ou le « vrai » Bach).
Lorsque je feins d'écrire sur ce que j'ai autrefois écrit,
il se produit de la même façon un mouvement d'abolition, non de vérité. Je ne cherche pas à mettre mon
expression présente au service de ma vérité antérieure

(en régime classique, on aurait sanctifié cet effort sous le nom d'*authenticité*), je renonce à la poursuite épuisante d'un ancien morceau de moi-même, je ne cherche pas à me *restaurer* (comme on dit d'un monument). Je ne dis pas : « Je vais me décrire », mais : « J'écris un texte, et je l'appelle R. B. » Je me passe de l'imitation (de la description) et je me confie à la nomination. Ne sais-je pas que, *dans le champ du sujet, il n'y a pas de référent* ? Le fait (biographique, textuel) s'abolit dans le signifiant, parce qu'il *coïncide* immédiatement avec lui : en *m'écrivant*, je ne fais que répéter l'opération extrême par laquelle Balzac, dans *Sarrasine,* a fait « coïncider » la castration et la castrature : je suis moi-même mon propre symbole, je suis l'histoire qui m'arrive : en roue libre dans le langage, je n'ai rien à quoi me comparer, et dans ce mouvement, le pronom de l'imaginaire, « *je* », se trouve *im-pertinent* ; le symbolique devient à la lettre *immédiat* : danger essentiel pour la vie du sujet : écrire sur soi peut paraître une idée prétentieuse ; mais c'est aussi une idée simple : simple comme une idée de suicide.

Un jour, par désœuvrement, je consultai le *Yi King* sur mon projet. Je tirai l'hexagramme 29 : K'an, *The Perilous Chasm* : péril ! gouffre ! abîme ! (le travail en proie à la magie : au *danger*).

Comparaison est raison

Il fait une application à la fois stricte et métaphorique, littérale et vague, de la linguistique à quelque objet éloigné : l'érotique sadienne, par exemple (*SFL*, 726, III) – ce qui l'autorise à parler d'une *grammaire sadienne*. De même, il applique le système linguistique (*paradigme/syntagme*) au système stylistique, et classe les corrections d'auteur selon les deux axes du papier

Jouissance graphique :
avant la peinture, la musique.

(*NEC*, 80, IV) ; de même encore, il prend plaisir à poser une correspondance entre des notions fouriéristes et des genres médiévaux (l'*aperçu-abrégé* et l'*ars minor*, *SFL*, 780, III). Il n'invente pas, il ne combine même pas, il translate : pour lui, comparaison est raison : il prend plaisir à *déporter* l'objet, par une sorte d'imagination qui est plus homologique que métaphorique (on compare des systèmes, non des images) ; par exemple, s'il parle de Michelet, il fait sur Michelet ce qu'il prétend que Michelet a fait sur la matière historique : il opère par glissement total, il caresse (*Mi*, 313, I).

Lui-même se traduit parfois, redouble une phrase par une autre phrase (par exemple : « *Mais si j'aimais la demande ? Si j'avais quelque appétit maternel ?* », *PlT*, 234, IV). C'est comme si, voulant se résumer, il ne s'en sortait pas, entassait résumé sur résumé, faute de savoir lequel est le meilleur.

Vérité et consistance

« La vérité est dans la consistance », dit Poe *(Eurêka)*. Donc, celui qui ne supporte pas la consistance se ferme à une éthique de la vérité ; il lâche le mot, la proposition, l'idée, dès qu'ils *prennent* et passent à l'état de solide, de *stéréotype* (*stéréos* veut dire *solide*).

Contemporain de quoi ?

Marx : « De même que les peuples anciens ont vécu leur préhistoire en imagination, dans la *mythologie*, nous avons, nous Allemands, vécu notre post-histoire en pensée dans la philosophie. Nous sommes des contemporains *philosophiques* du présent, sans être ses contemporains *historiques.* » De la même façon, je ne suis que le contemporain imaginaire de mon propre présent : contemporain de ses langages, de ses utopies, de ses systèmes (c'est-à-dire de ses fictions), bref de sa mythologie ou de sa philosophie, mais non de son histoire, dont je n'habite que le reflet dansant : *fantasmagorique.*

Éloge ambigu du contrat

La première image qu'il a du *contrat* (du pacte) est en somme objective : le signe, la langue, le récit, la société fonctionnent par contrat, mais comme ce contrat est le plus souvent masqué, l'opération critique consiste à déchiffrer l'embarras des raisons, des alibis, des apparences, bref tout le *naturel* social, pour rendre manifeste l'échange réglé sur quoi reposent la marche sémantique et la vie collective. Cependant, à un autre niveau, le contrat est un mauvais objet : c'est une valeur bourgeoise, qui ne fait que légaliser une sorte de talion économique : *donnant donnant*, dit le Contrat bourgeois : sous l'éloge de la Comptabilité, de la Rentabilité, il faut donc lire le Vil, le Mesquin. En même temps encore et à un dernier niveau, le contrat est sans cesse désiré, comme la justice d'un monde enfin « régulier » : goût du contrat dans les relations humaines, grande sécurité dès qu'un contrat peut y être posé, répugnance à recevoir sans donner, etc. À ce point – puisque le corps y intervient directement – le modèle du bon contrat, c'est le contrat de Prostitution. Car ce contrat, déclaré immoral par toutes les sociétés et tous les régimes (sauf très archaïques), libère en fait de ce qu'on pourrait appeler les *embarras imaginaires* de l'échange : à quoi m'en tenir sur le désir de l'autre, sur *ce que je suis pour lui* ? Le contrat supprime ce vertige : il est en somme la seule position que le sujet puisse tenir sans tomber dans deux images inverses mais également abhorrées : celle de l'« égoïste » (qui demande sans s'inquiéter d'avoir rien à donner) et celle du « saint » (qui donne en s'interdisant de jamais rien demander) : le discours du contrat élude ainsi deux plénitudes ; il permet d'observer la règle d'or de toute *habitation*, déchiffrée dans le corridor de Shikidai : « *Aucun vouloir-saisir et cependant aucune oblation.* » (*EpS*, 436, III.)

Le contretemps

Son rêve (avouable ?) serait de transporter dans une société socialiste certains des *charmes* (je ne dis pas : des valeurs) de l'art de vivre bourgeois (il y en a – il y en avait quelques-uns) : c'est ce qu'il appelle le *contretemps*. S'oppose à ce rêve le spectre de la Totalité, qui veut que le fait bourgeois soit condamné *en bloc*, et que toute échappée du Signifiant soit punie comme une course dont on ramène la souillure.

Ne serait-il pas possible de jouir de la culture bourgeoise (déformée), *comme d'un exotisme* ?

Mon corps n'existe...

Mon corps ne m'existe à moi-même que sous deux formes courantes : la migraine et la sensualité. Ce ne sont pas des états inouïs, mais au contraire très mesurés, accessibles ou remédiables, comme si dans l'un et l'autre cas on décidait d'en rabattre sur des images glorieuses ou maudites du corps. La migraine n'est que le tout premier degré du mal physique et la sensualité n'est considérée ordinairement que comme une sorte de laissé-pour-compte de la jouissance.

En d'autres termes, mon corps n'est pas un héros. Le caractère léger, diffus, du mal ou du plaisir (la migraine elle aussi *caresse* certaines de mes journées) s'oppose à ce que le corps se constitue en lieu étranger, halluciné, siège de transgressions aiguës ; la migraine (j'appelle ainsi assez inexactement le simple mal de tête) et le plaisir sensuel ne sont que des cénesthésies, chargées d'individuer mon propre corps, sans qu'il puisse se glorifier d'aucun danger : mon corps est faiblement théâtral à lui-même.

Le corps pluriel

« Quel corps ? Nous en avons plusieurs. » (*PlT*, 228, IV.) J'ai un corps digestif, j'ai un corps nauséeux, un troisième migraineux, et ainsi de suite : sensuel, musculaire (la main de l'écrivain), humoral, et surtout : *émotif* : qui est ému, bougé, ou tassé ou exalté, ou apeuré, sans qu'il y paraisse rien. D'autre part, je suis captivé jusqu'à la fascination par le corps socialisé, le corps mythologique, le corps artificiel (celui des travestis japonais) et le corps prostitué (de l'acteur). Et en plus de ces corps publics (littéraires, écrits), j'ai, si je puis dire, deux corps locaux : un corps parisien (alerte, fatigué) et un corps campagnard (reposé, lourd).

La côtelette

Voici ce que j'ai fait un jour de mon corps :
À Leysin, en 1945, pour me faire un pneumothorax extrapleural, on m'enleva un morceau de côte, qu'on me restitua ensuite solennellement, troussé dans un peu de gaze médicale (les médecins, suisses, il est vrai, professaient ainsi que *mon corps m'appartient*, dans quelque état dépiécé qu'ils me le rendent : je suis propriétaire

de mes os, dans la vie comme dans la mort). Je gardai longtemps dans un tiroir ce morceau de moi-même, sorte de pénis osseux analogue au manche d'une côtelette d'agneau, ne sachant pas qu'en faire, n'osant pas m'en débarrasser par peur d'attenter à ma personne, bien qu'il me fût assez inutile d'être enfermé ainsi dans un secrétaire, au milieu d'objets « précieux » tels que de vieilles clefs, un livret scolaire, le carnet de bal en nacre et le porte-cartes en taffetas rose de ma grand-mère B. Et puis, un jour, comprenant que la fonction de tout tiroir est d'adoucir, d'acclimater la mort des objets en les faisant passer par une sorte d'endroit pieux, de chapelle poussiéreuse où, sous couvert de les garder vivants, on leur ménage un temps décent de morne agonie, mais n'allant pas jusqu'à oser jeter ce bout de moi-même dans la poubelle commune de l'immeuble, je balançai la côtelette et sa gaze, du haut du balcon, comme si je dispersais romantiquement mes propres cendres, dans la rue Servandoni, où quelque chien dut venir les flairer.

La courbe folle de l'imago

R. P., professeur de Sorbonne, me prenait en son temps pour un imposteur. T. D., lui, me prend pour un professeur de Sorbonne.

(Ce n'est pas la diversité des opinions qui étonne et excite ; c'est leur exacte contrariété ; de quoi vous faire exclamer : *c'est un comble !* – Ceci serait une jouissance proprement *structurale* – ou tragique.)

Couples de mots-valeurs

Certaines langues, paraît-il, comportent des énantio-sèmes, des mots qui ont même forme et sens contraires.

De la même façon, chez lui, un mot peut être bon ou mauvais, sans prévenir : la « bourgeoisie » est bonne, lorsqu'on la revoit dans son être historique, ascensionnel, progressiste ; elle est mauvaise, lorsqu'elle est nantie. Quelquefois, par chance, la langue fournit elle-même la bifurcation d'un double mot : la « structure », bonne valeur au début, s'est trouvée discréditée lorsqu'il est apparu que trop de monde la concevait comme une forme immobile (un « plan », un « schéma », un « modèle ») ; heureusement, « structuration » était là, qui a pris la relève, impliquant la valeur forte par excellence : le *faire,* la dépense perverse (« pour rien »).

De même, et plus spécialement, ce n'est pas l'*érotique,* c'est l'*érotisation* qui est une bonne valeur. L'érotisation est une production d'érotique : légère, diffuse, mercurielle ; cela circule sans se figer : un flirt multiple et mobile lie le sujet à ce qui passe, feint de retenir, puis se lâche pour autre chose (et puis, parfois, ce paysage très changeant est coupé, tranché d'une immobilité brusque : l'amour).

La double crudité

La crudité renvoie également à la nourriture et au langage. De cette amphibologie (« précieuse »), il tire le moyen d'en revenir à son vieux problème : celui du *naturel.*

Dans le champ du langage, la dénotation n'est atteinte réellement que par le langage sexuel de Sade (*SFL*, 818, III) ; ailleurs, ce n'est qu'un artefact linguistique ; elle sert alors à fantasmer le *naturel* pur, idéal, crédible, du langage, et correspond, dans le champ de la nourriture, à la crudité des légumes et des viandes, image non moins pure de la Nature. Mais cet état adamique des aliments et des mots est *intenable* : la crudité est immédiatement récupérée comme signe d'elle-même : le langage cru est un langage pornographique (mimant hystériquement la jouissance d'amour), et les crudités ne sont que des valeurs mythologiques du repas civilisé ou des ornements esthétiques du plateau japonais. La crudité passe donc à la catégorie abhorrée du pseudo-naturel : de là, grande aversion envers la crudité du langage et celle de la viande.

Décomposer/détruire

Admettons que la tâche historique de l'intellectuel (ou de l'écrivain), ce soit aujourd'hui d'entretenir et d'accentuer la *décomposition* de la conscience bourgeoise. Il faut alors garder à l'image toute sa précision ; cela veut dire qu'on feint volontairement de rester à l'intérieur de cette conscience et qu'on va la délabrer, l'affaisser, l'effondrer, sur place, comme on ferait d'un morceau de sucre en l'imbibant d'eau. La *décomposition* s'oppose donc ici à la *destruction* : pour *détruire* la conscience bourgeoise, il faut s'en absenter, et cette extériorité n'est possible que dans une situation révolutionnaire : en Chine, aujourd'hui, la conscience de classe est en voie de destruction, non de décomposition ; mais ailleurs (ici et maintenant), *détruire* ne serait en fin de compte que reconstituer un lieu de parole dont le seul caractère serait l'extériorité : extérieur et immobile : tel est le langage dogmatique. Pour détruire, en somme, il faut pouvoir *sauter*. Mais sauter où ? dans quel langage ? Dans quel lieu de la bonne conscience et de la mauvaise foi ? Tandis qu'en décomposant, j'accepte d'accompagner cette décomposition, de me décomposer moi-même, au fur et à mesure : je dérape, m'accroche et entraîne.

La déesse H.

Le pouvoir de jouissance d'une perversion (en l'oc-currence celle des deux H : homosexualité et haschisch) est toujours sous-estimé. La Loi, la Doxa, la Science ne veulent pas comprendre que la perversion, tout simple-ment, *rend heureux* ; ou pour préciser davantage, elle produit un *plus* : je suis plus sensible, plus perceptif, plus loquace, mieux distrait, etc. et dans ce *plus* vient se loger la différence (et partant, le Texte de la vie, la vie comme texte). Dès lors, c'est une déesse, une figure invocable, une voie d'intercession.

Les amis

Il cherche une définition à ce terme de « moralité », qu'il a lu dans Nietzsche (la moralité du corps chez les anciens Grecs), et qu'il oppose à la morale ; mais il ne peut le conceptualiser ; il peut seulement lui attribuer une sorte de champ d'exercice, une *topique*. Ce champ est de toute évidence pour lui celui de l'amitié, ou plutôt (car ce mot de version latine est trop raide, trop prude) : des amis (parlant d'eux, je ne puis jamais que me prendre, les prendre, dans une contingence – une différence). Dans cet espace des affects *cultivés*, il trouve la pratique de ce nouveau sujet dont la théorie se cherche aujourd'hui : les amis forment réseau entre eux et chacun doit s'y saisir comme *extérieur/intérieur*, soumis par chaque conversation à la question de l'hété-rotopie : où suis-je parmi les désirs ? Où en suis-je du désir ? La question m'est posée par le développement de mille péripéties d'amitié. Ainsi s'écrit au jour le jour un texte ardent, un texte magique, qui ne finira jamais, image brillante du Livre libéré.

De même que l'on décompose l'odeur de la violette ou le goût du thé, l'un et l'autre apparemment si spéciaux, si inimitables, si *ineffables*, en quelques éléments dont la combinaison subtile produit toute l'identité de la substance, de même il devinait que l'identité de chaque ami, qui le faisait aimable, tenait à une combinaison délicatement dosée, et dès lors absolument originale, de menus traits réunis dans des scènes fugitives, au jour le jour. Chacun déployait ainsi devant lui la mise en scène brillante de son originalité.

Parfois, dans l'ancienne littérature, on trouve cette expression apparemment stupide : *la religion de l'amitié* (fidélité, héroïsme, absence de sexualité). Mais puisque de la religion subsiste seule la fascination du rite, il aimait garder les menus rites de l'amitié : fêter avec un ami la libération d'une tâche, l'éloignement d'un souci : la célébration renchérit sur l'événement, lui ajoute un supplément inutile, une jouissance perverse. Ainsi, par magie, ce fragment a été écrit en dernier, après tous les autres, comme une manière de dédicace (3 septembre 1974).

Il faut s'efforcer de parler de l'amitié comme d'une pure *topique* : cela me dégage du champ de l'affectivité – qui ne pourrait être dite *sans gêne*, puisqu'elle est de l'ordre de l'imaginaire (ou plutôt : je reconnais à ma gêne que l'imaginaire est tout proche : je brûle).

La relation privilégiée

Il ne cherchait pas la relation exclusive (possession, jalousie, scènes) ; il ne cherchait pas non plus la relation généralisée, communautaire ; ce qu'il voulait, c'était à chaque fois une relation privilégiée, marquée par une différence sensible, rendue à l'état d'une sorte d'inflexion affective absolument singulière, comme celle d'une voix au grain incomparable ; et chose paradoxale, cette relation privilégiée, il ne voyait aucun obstacle à la multiplier : rien que des privilèges, en somme ; la sphère amicale était ainsi peuplée de relations duelles (d'où une grande perte de temps : il fallait voir les amis un à un : résistance au groupe, à la bande, au raout). Ce qui était cherché, c'était un pluriel sans égalité, sans in-différence.

Transgression de la transgression

Libération politique de la sexualité : c'est une double transgression, du politique par le sexuel, et réciproquement. Mais cela n'est rien : imaginons maintenant de réintroduire dans le champ politico-sexuel ainsi découvert, reconnu, parcouru et libéré... *un brin de sentimentalité* : ne serait-ce pas *la dernière* des transgressions ? la transgression de la transgression ? Car en fin de compte ce serait *l'amour* : qui reviendrait : *mais à une autre place*.

Le second degré et les autres

J'écris : ceci est le premier degré du langage. Puis, j'écris que *j'écris* : c'en est le second degré. (Déjà Pascal : « Pensée échappée, je la voulais écrire ; j'écris, au lieu, qu'elle m'est échappée. »)

Nous faisons aujourd'hui une énorme consommation de ce second degré. Une bonne part de notre travail intellectuel consiste à porter la suspicion sur n'importe quel énoncé en révélant l'échelonnement de ses degrés ; cet échelonnement est infini et ce gouffre ouvert à chaque mot, cette folie du langage, nous l'appelons scientifiquement : *énonciation* (nous ouvrons ce gouffre *d'abord* pour une raison tactique : défaire l'infatuation de nos énoncés, l'arrogance de notre science).

Le second degré est aussi une façon de vivre. Il suffit de reculer le cran d'un propos, d'un spectacle, d'un corps, pour renverser du tout au tout le goût que nous pouvions en avoir, le sens que nous pourrions lui donner. Il existe des érotiques, des esthétiques du second degré : (le kitsch, par exemple). Nous pouvons même devenir des maniaques du second degré : rejeter la dénotation, la spontanéité, le babil, la platitude, la répétition innocente, ne tolérer que des langages qui témoignent, même légèrement, d'un pouvoir de déboîtement : la parodie, l'amphibologie, la citation subreptice. Dès qu'il se pense, le langage devient corrosif. À une condition cependant : qu'il ne cesse de le faire *à l'infini*. Car si j'en reste au second degré, je mérite l'accusation d'intellectualisme (adressée par le bouddhisme à toute réflexivité simple) ; mais si j'ôte le cran d'arrêt (de la raison, de la science, de la morale), si je mets l'énonciation *en roue libre,* j'ouvre alors la voie d'une déprise sans fin, j'abolis *la bonne conscience du langage.*

Tout discours est pris dans le jeu des degrés. On peut appeler ce jeu : *bathmologie.* Un néologisme n'est pas de trop, si l'on en vient à l'idée d'une science nouvelle : celle des échelonnements de langage. Cette science sera inouïe, car elle ébranlera les instances habituelles de l'expression, de la lecture et de l'écoute (« vérité », « réalité », « sincérité » ; son principe sera une secousse : elle enjambera, comme on saute une marche, toute *expression.*

La dénotation comme vérité du langage

Chez le pharmacien de Falaise, Bouvard et Pécuchet soumettent la pâte de jujube à l'épreuve de l'eau : « Elle prit l'apparence d'une couenne de lard, ce qui dénotait de la gélatine. »

La dénotation serait un mythe scientifique : celui d'un état « vrai » du langage, comme si toute phrase avait en elle un *étymon* (origine et vérité). *Dénotation/connotation* : ce double concept n'a donc de valeur que dans le champ de la vérité. Chaque fois que j'ai besoin d'éprouver un message (de le démystifier), je le soumets à quelque instance extérieure, je le réduis à une sorte de couenne disgracieuse, qui en forme le substrat vrai. L'opposition n'a donc d'usage que dans le cadre d'une opération critique analogue à une expérience d'analyse chimique : chaque fois que je crois à la vérité, j'ai besoin de la dénotation.

Sa voix

(Il ne s'agit de la voix de personne. – Mais si ! précisément : il s'agit, il s'agit toujours de la voix de quelqu'un.)

Je cherche peu à peu à *rendre* sa voix. J'essaye une approche adjective : agile, fragile, juvénile, un peu brisée ? Non, ce n'est pas exactement cela ; plutôt : *sur-cultivée*, ayant un arrière-goût anglais. Et celle-là : brève ? Oui, si je développe : il tendait dans cette brièveté, non pas la torsion (la grimace) d'un corps qui se reprend et s'affirme, mais au contraire la chute épuisante du sujet sans langage et qui offre la menace d'aphasie sous laquelle il se débat : au contraire de la première, c'était une voix *sans rhétorique* (mais non sans tendresse). Pour toutes ces voix, il faudrait inventer la bonne métaphore, celle qui, une fois rencontrée, vous possède à jamais ; mais je ne trouve pas, tant la rupture est grande entre les mots qui me viennent de la culture et cet être bizarre (est-il seulement sonore ?) que je remémore fugitivement à mon oreille.

Cette impuissance viendrait de ceci : la voix est toujours *déjà* morte, et c'est par dénégation désespérée que nous l'appelons vivante ; cette perte irrémédiable, nous lui donnons le nom d'*inflexion* : l'inflexion, c'est la voix dans ce qu'elle est toujours passée, tue.

De là à comprendre ce qu'est la *description* : elle s'épuise à rendre le propre mortel de l'objet, en feignant (illusion par renversement) de le croire, de le vouloir vivant : « faire vivant » veut dire « voir mort ». L'adjectif est l'instrument de cette illusion ; quoi qu'il dise, par sa seule qualité descriptive, l'adjectif est funèbre.

Détacher

Détacher est le geste essentiel de l'art classique. Le peintre « détache » un trait, une ombre, au besoin l'agrandit, le renverse et en fait une œuvre ; et quand bien même l'œuvre serait unie, insignifiante ou naturelle (un objet de Duchamp, une surface monochrome), comme elle sort toujours, quoi qu'on veuille, hors d'un contexte physique (un mur, une rue), elle est fatalement consacrée comme œuvre. En cela, l'art est à l'opposé des sciences sociologiques, philologiques, politiques, qui n'ont de cesse d'*intégrer* ce qu'elles ont distingué (elles ne le distinguent que pour mieux l'intégrer). L'art ne serait donc jamais paranoïaque, mais toujours pervers, fétichiste.

Dialectiques

Tout semble indiquer que son discours marche selon une dialectique à deux termes : l'opinion courante et son contraire, la Doxa et son paradoxe, le stéréotype et la novation, la fatigue et la fraîcheur, le goût et le dégoût : *j'aime/je n'aime pas*. Cette dialectique binaire, c'est la dialectique même du sens *(marqué/non marqué)* et du jeu freudien *(Fort/Da)* : la dialectique de la valeur.

Cependant, est-ce bien vrai ? En lui, une autre dialectique se dessine, cherche à s'énoncer : la contradiction des termes cède à ses yeux par la découverte d'un troisième terme, qui n'est pas de synthèse, mais de *déport* : toute chose revient, mais elle revient comme Fiction, c'est-à-dire à un autre tour de la spirale.

Pluriel, différence, conflit

Il recourt souvent à une sorte de philosophie, appelée vaguement *pluralisme*.

Qui sait si cette insistance du pluriel n'est pas une manière de nier la dualité sexuelle ? Il ne faut pas que l'opposition des sexes soit une loi de Nature ; il faut donc dissoudre les affrontements et les paradigmes, pluraliser à la fois les sens et les sexes : le sens ira vers sa multiplication, sa dispersion (dans la théorie du Texte), et le sexe ne sera pris dans aucune typologie (il n'y aura, par exemple, que *des* homosexualités, dont le pluriel déjouera tout discours constitué, centré, au point qu'il lui apparaît presque inutile d'en parler).

De même, la *différence*, mot insistant et très vanté, vaut surtout parce qu'elle dispense ou triomphe du conflit. Le conflit est sexuel, sémantique ; la différence est plurielle, sensuelle et textuelle ; le sens, le sexe sont des principes de construction, de constitution ; la différence est l'allure même d'un poudroiement, d'une dispersion, d'un miroitement ; il ne s'agit plus de retrouver, dans la lecture du monde et du sujet, des oppositions, mais des débordements, des empiétements, des fuites, des glissements, des déplacements, des dérapages.

Au dire de Freud *(Moïse)*, un peu de différence mène au racisme. Mais beaucoup de différences en éloignent, irrémédiablement. Égaliser, démocratiser, massifier, tous ces efforts ne parviennent pas à expulser « la plus petite différence », germe de l'intolérance raciale. C'est pluraliser, subtiliser, qu'il faudrait, sans frein.

Le goût de la division

Goût de la division : les parcelles, les miniatures, les cernes, les précisions brillantes (tel l'effet produit par le haschisch au dire de Baudelaire), la vue des champs, les fenêtres, le haïku, le trait, l'écriture, le fragment, la photographie, la scène à l'italienne, bref, au choix, tout l'articulé du sémanticien ou tout le matériel du fétichiste. Ce goût est décrété progressiste : l'art des classes ascendantes procède par encadrements (Brecht, Diderot, Eisenstein).

Au piano, le doigté...

Au piano, le « doigté » ne désigne nullement une valeur d'élégance et de délicatesse (ce qui, alors, se dit : « toucher »), mais seulement une façon de numéroter les doigts qui ont à jouer telle ou telle note ; le doigté établit d'une façon réfléchie ce qui va devenir un automatisme : c'est en somme le programme d'une machine, une inscription animale. Or, si je joue mal – outre l'absence de vélocité, qui est un pur problème musculaire –, c'est parce que je ne tiens jamais le doigté écrit : j'improvise à chaque jeu, tant bien que mal, la place de mes doigts, et dès lors, je ne peux jamais rien jouer sans faute. La raison en est évidemment que je veux une jouissance sonore immédiate et refuse l'ennui du dressage, car le dressage empêche la jouissance – il est vrai, dit-on, en vue d'une jouissance ultérieure plus grande (tels les dieux à Orphée, on dit au pianiste : ne vous retournez pas *prématurément* sur les effets de votre jeu). Le morceau, dans la perfection sonore qu'on lui imagine sans jamais l'atteindre réellement, agit alors comme un bout de fantasme : je me soumets joyeusement au mot d'ordre du fantasme : « *Immédiatement !* », fût-ce au prix d'une perte considérable de réalité.

Le mauvais objet

La Doxa (l'Opinion), dont il est fait un grand usage dans son discours, n'est qu'un « *mauvais objet* » : aucune définition par le contenu, rien que par la forme, et cette forme mauvaise, c'est sans doute : la répétition. – Mais ce qui se répète est parfois bon ? Le *thème*, qui est un bon objet critique, c'est bien quelque chose qui se répète ? – Est bonne la répétition qui vient du corps. La Doxa est un mauvais objet parce que c'est une répétition morte, qui ne vient du corps de personne – sinon peut-être, précisément, de celui des Morts.

Doxa/paradoxa

Formations réactives : une *doxa* (une opinion courante) est posée, insupportable ; pour m'en dégager, je postule un paradoxe ; puis ce paradoxe s'empoisse, devient lui-même concrétion nouvelle, nouvelle *doxa*, et il me faut aller plus loin vers un nouveau paradoxe.

Refaisons ce parcours. À l'origine de l'œuvre, l'opacité des rapports sociaux, la fausse Nature ; la première secousse est donc de démystifier *(Mythologies)* ; puis la démystification s'immobilisant dans une répétition, c'est elle qu'il faut déplacer : la *science* sémiologique (postulée alors) tente d'ébranler, de vivifier, d'armer le geste, la pose mythologique, en lui donnant une méthode ; cette science à son tour s'embarrasse de tout un imaginaire : au vœu d'une science sémiologique succède la science (souvent fort triste) des sémiologues ; il faut donc s'en couper, introduire, dans cet imaginaire raisonnable, le grain du désir, la revendication du corps : c'est alors le Texte, la théorie du Texte. Mais de nouveau le Texte risque de se figer : il se répète, se monnaye en textes mats, témoins d'une demande de lecture, non d'un désir de plaire : le Texte tend à dégénérer en Babil. Où aller ? J'en suis là.

La Papillonne

C'est fou, le pouvoir de diversion d'un homme que son travail ennuie, intimide ou embarrasse : travaillant à la campagne (à quoi ? à me relire, hélas !), voici la liste des diversions que je suscite toutes les cinq minutes : vaporiser une mouche, me couper les ongles, manger une prune, aller pisser, vérifier si l'eau du robinet est toujours boueuse (il y a eu une panne d'eau aujourd'hui), aller chez le pharmacien, descendre au jardin voir combien de brugnons ont mûri sur l'arbre, regarder le journal de radio, bricoler un dispositif pour tenir mes paperolles, etc. : *je drague*.

(La drague relève de cette passion que Fourier appelait la Variante, l'Alternante, la Papillonne.)

Amphibologies

Le mot « intelligence » peut désigner une faculté d'intellection ou une complicité *(être d'intelligence avec...)* ; en général, le contexte oblige à choisir l'un des deux sens et à oublier l'autre. Chaque fois qu'il rencontre l'un de ces mots doubles, R. B., au contraire, garde au mot ses deux sens, comme si l'un d'eux clignait de l'œil à l'autre et que le sens du mot fût dans ce clin d'œil, qui fait qu'*un même mot*, dans *une même phrase*, veut dire *en même temps* deux choses différentes, et qu'on jouit sémantiquement de l'un par l'autre. C'est pourquoi ces mots sont dits à plusieurs reprises « précieusement ambigus » : non par essence lexicale (car n'importe quel mot du lexique a plusieurs sens), mais parce que, grâce à une sorte de *chance*, de bonne disposition, non de la langue, mais du discours, je puis *actualiser* leur amphibologie, dire « intelligence » en feignant de me référer principalement au sens intellectif, mais *en laissant entendre* le sens de « complicité ».

Ces amphibologies sont extrêmement (anormalement) nombreuses : *Absence* (manque de la personne et distraction de l'esprit), *Alibi* (lieu autre et justification policière), *Aliénation* (« bon mot, à la fois social et mental »), *Alimenter* (la bassine et la conversation), *Brûlé* (incendié et démasqué), *Cause* (ce qui provoque et ce qu'on embrasse), *Citer* (appeler et copier), *Comprendre* (contenir et saisir intellectuellement), *Contenance* (possibilité de se remplir et manière de se tenir), *Crudité* (alimentaire et sexuelle), *Développer* (sens rhétorique et sens cycliste), *Discret* (discontinu et retenu), *Exemple* (de grammaire et de débauche), *Exprimer* (presser un jus et manifester son intériorité), *Fiché* (cloué et noté policièrement), *Fin* (limite et but), *Fonction* (relation et usage), *Fraîcheur* (température et nouveauté), *Frappe* (marque et voyou), *Indifférence* (absence de passion et de différence), *Jeu* (activité ludique et mouvement des pièces dans une machine), *Partir* (s'éloigner et se droguer), *Pollution* (salissure et masturbation), *Posséder* (avoir et dominer), *Propriété* (des biens et des termes),

Questionner (interroger et supplicier), *Scène* (de théâtre et de ménage), *Sens* (direction et signification), *Sujet* (sujet de l'action et objet du discours), *Subtiliser* (rendre plus subtil et dérober), *Trait* (graphique et linguistique), *Voix* (organe corporel et diathèse grammaticale), etc.

Au dossier de la double écoute : les *addâd*, ces mots arabes dont chacun a deux sens absolument contraires (*1970*, I) ; la tragédie grecque, espace de la double entente, dans lequel « le spectateur entend toujours plus que ce que chaque personnage profère pour son compte ou celui de ses partenaires » (*1968*) ; les délires auditifs de Flaubert (en proie à ses « fautes » de style) et de Saussure (obsédé par l'écoute anagrammatique des vers anciens). Et pour finir, ceci : contrairement à ce que l'on attendrait, ce n'est pas la polysémie (le multiple du sens) qui est louée, recherchée ; c'est très exactement l'amphibologie, la duplicité ; le fantasme n'est pas d'entendre tout (n'importe quoi), c'est d'entendre *autre chose* (en cela je suis plus classique que la théorie du texte que je défends).

En écharpe

D'une part, ce qu'il dit des gros objets de savoir (le cinéma, le langage, la société) n'est jamais mémorable : la dissertation (l'article *sur* quelque chose) est comme un immense déchet. La pertinence, menue, (s'il s'en trouve), ne vient que dans des marges, des incises, des parenthèses, *en écharpe* : c'est la voix *off* du sujet.

D'autre part, il n'explicite jamais (il ne définit jamais) les notions qui semblent lui être le plus nécessaires et dont il se sert toujours (toujours subsumées sous un mot). La *Doxa* est sans cesse alléguée, mais n'est pas définie : aucun morceau sur la Doxa. Le *Texte* n'est jamais approché que métaphoriquement : c'est le champ de l'aruspice, c'est une banquette, un cube à facettes, un excipient, un ragoût japonais, un charivari de décors, une tresse, une dentelle de Valenciennes, un oued marocain, un écran télévisuel en panne, une pâte feuilletée, un oignon, etc. Et lorsqu'il fait une dissertation « sur » le Texte (pour une encyclopédie), sans la renier (ne jamais rien renier : au nom de quel présent ?), c'est une tâche de savoir, non d'écriture.

La chambre d'échos

Par rapport aux systèmes qui l'entourent, qu'est-il ? Plutôt une chambre d'échos : il reproduit mal les pensées, il suit les mots ; il rend visite, c'est-à-dire hommage, aux vocabulaires, il *invoque* les notions, il les répète sous un nom ; il se sert de ce nom comme d'un emblème (pratiquant ainsi une sorte d'idéographie philosophique) et cet emblème le dispense d'approfondir le système dont il est le signifiant (qui simplement lui fait signe). Venu de la psychanalyse et semblant y rester, *« transfert »*, cependant, quitte allègrement la situation œdipéenne. Lacanien, *« imaginaire »* s'étend jusqu'aux confins de l'« amour-propre » classique. La *« mauvaise foi »* sort du système sartrien pour rejoindre la critique mythologique. *« Bourgeois »* reçoit toute la charge marxiste, mais déborde sans cesse vers l'esthétique et l'éthique. De la sorte, sans doute, les mots se transportent, les systèmes communiquent, la modernité est essayée (comme on essaye tous les boutons d'un poste de radio dont on ne connaît pas le maniement), mais l'intertexte qui est ainsi créé est à la lettre *superficiel* : on adhère *libéralement* : le nom (philosophique, psychanalytique, politique, scientifique) garde avec son système d'origine un cordon qui n'est pas coupé mais qui reste : tenace et flottant. La raison de cela est sans doute qu'on ne peut en même temps approfondir et désirer un mot : chez lui, le désir du mot l'emporte, mais de ce plaisir fait partie une sorte de vibration doctrinale.

L'écriture commence par le style

L'asyndète, tant admirée chez Chateaubriand sous le nom d'anacoluthe (*NEC*, 60, IV), il essaye parfois de la pratiquer : quel rapport peut-on trouver entre le lait et les jésuites ? Celui-ci : « ... les clics, ces phonèmes lactés que le jésuite merveilleux, Van Ginneken, plaçait entre l'écriture et le langage » (*PlT*, 220, IV). Il y a aussi des antithèses innombrables (voulues, construites, corsetées) et des jeux de mots dont on tire tout un système (plaisir : *précaire*/jouissance : *précoce*). Bref, mille traces d'un travail du *style*, au sens le plus ancien du mot. Or, ce style sert à louer une valeur nouvelle, l'*écriture*, qui est, elle, débordement, emportement du style vers d'autres régions du langage et du sujet, loin d'un code littéraire *classé* (code périmé d'une classe condamnée). Cette contradiction s'explique et se justifie peut-être ainsi : sa manière d'écrire s'est formée à un moment où l'écriture de l'essai tentait de se renouveler par la combinaison d'intentions politiques, de notions philosophiques et de véritables figures rhétoriques (Sartre en est plein). Mais surtout, le style est en quelque sorte le commencement de l'écriture : même timidement, en s'offrant à de grands risques de récupération, il amorce le règne du signifiant.

À quoi sert l'utopie

À quoi sert l'utopie ? À faire du sens. Face au présent, à mon présent, l'utopie est un terme second qui permet de faire jouer le déclic du signe : le discours sur le réel devient possible, je sors de l'aphasie où me plonge l'affolement de tout ce qui ne va pas en moi, dans ce monde qui est le mien.

L'utopie est familière à l'écrivain, parce que l'écrivain est un donateur de sens : sa tâche (ou sa jouissance) est de donner des sens, des noms, et il ne peut le faire que s'il y a paradigme, déclic du *oui/non*, alternance de deux valeurs : pour lui, le monde est une médaille, une monnaie, une double surface de lecture, dont sa propre réalité occupe le revers et l'utopie l'avers. Le Texte, par exemple, est une utopie ; sa fonction – sémantique – est de faire signifier la littérature, l'art, le langage présents, en tant qu'on les déclare *impossibles* ; naguère, on expliquait la littérature par son passé ; aujourd'hui, par son utopie : le sens est fondé en valeur : l'utopie permet cette nouvelle sémantique.

Les écrits révolutionnaires ont toujours peu et mal représenté la finalité quotidienne de la Révolution, la façon dont elle entend que *nous vivrons demain*, soit que cette représentation risque d'édulcorer ou de futiliser la lutte présente, soit que, plus justement, la théorie politique vise seulement à instaurer la liberté réelle de la question humaine, sans préfigurer aucune de ses réponses. L'utopie serait alors le tabou de la Révolution, et l'écrivain aurait à charge de le transgresser ; lui seul pourrait *risquer* cette représentation ; tel un prêtre, il assumerait le discours eschatologique ; il fermerait la boucle éthique, en répondant par une vision finale des valeurs au *choix* révolutionnaire initial (ce pour quoi *on se fait* révolutionnaire).

Dans *Le Degré zéro*, l'utopie (politique) a la forme (naïve ?) d'une universalité sociale, comme si l'utopie ne pouvait être que le contraire strict du mal présent,

Fiches

au lit...

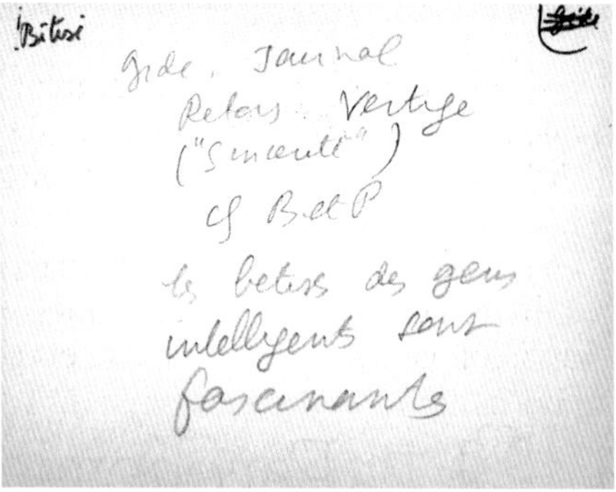

... dehors...

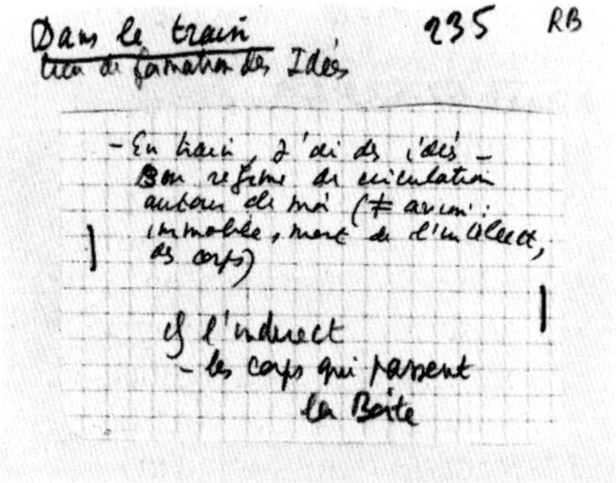

Renversement :
d'origine érudite,
la fiche suit les
tours divers de
la pulsion.

*... ou à une
table de
travail.*

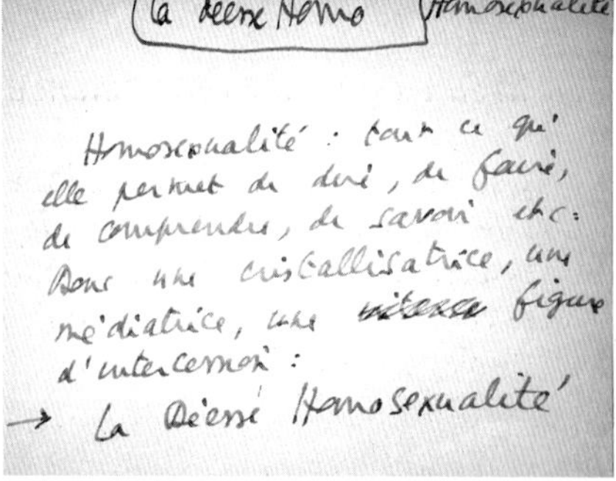

comme si, à la division, ne pouvait répondre, plus tard, que l'indivision ; mais depuis, quoique floue et pleine de difficultés, une philosophie pluraliste se fait jour : hostile à la massification, tendue vers la différence, fouriériste en somme ; l'utopie (toujours maintenue) consiste alors à imaginer une société infiniment parcellée, dont la division ne serait plus sociale, et, partant, ne serait plus conflictuelle.

L'écrivain comme fantasme

Sans doute n'y a-t-il plus un seul adolescent qui ait ce fantasme : *être écrivain !* De quel contemporain vouloir copier, non l'œuvre, mais les pratiques, les postures, cette façon de se promener dans le monde, un carnet dans la poche et une phrase dans la tête (tel je voyais Gide circulant de la Russie au Congo, lisant ses classiques et écrivant ses carnets au wagon-restaurant en attendant les plats ; tel je le vis réellement, un jour de 1939, au fond de la brasserie Lutétia, mangeant une poire et lisant un livre) ? Car ce que le fantasme impose, c'est l'écrivain tel qu'on peut le voir dans son journal intime, c'est *l'écrivain moins son œuvre* : forme suprême du sacré : la marque et le vide.

Nouveau sujet, nouvelle science

Il se sent solidaire de tout écrit dont le principe est que *le sujet n'est qu'un effet de langage*. Il imagine une science très vaste, dans l'énonciation de laquelle le savant s'inclurait enfin – qui serait la science des effets de langage.

Est-ce toi, chère Élise...

... ne veut pas dire du tout : je m'assure de l'identité incertaine de la personne qui vient, en lui posant la très singulière question : « *est-elle elle ?* », mais veut dire au contraire : vous voyez, vous entendez, la personne qui s'avance, s'appelle – ou plutôt s'appellera *Élise*, je la connais bien, et vous pouvez croire que j'ai d'assez bons rapports avec elle. Et puis encore ceci : happé dans la forme même de l'énoncé, il y a le vague souvenir de toutes les situations où quelqu'un a dit : « *est-ce toi ?* », et au-delà encore, il y a le sujet aveugle en train d'interroger une *venue* (et si ce n'est pas *toi*, quelle déception – ou quel soulagement), etc.

La linguistique doit-elle s'occuper du message ou du langage ? C'est-à-dire en l'occurrence de *la nappe de sens telle qu'on la tire* ? Comment appeler cette linguistique vraie, qui est la linguistique de la connotation ?

Il avait écrit : « Le texte est (devrait être) cette personne désinvolte qui montre son derrière au Père politique. » (*PlT*, 252, IV.) Un critique feint de croire que « derrière » est mis à la place de « cul », par pudeur. Que fait-il de la connotation ? Un bon petit diable ne montre pas son cul à Mme MacMiche, il lui montre son derrière ; il fallait bien ce mot enfantin, puisqu'il s'agissait du Père. Lire réellement, c'est donc entrer en connotation. Chassé-croisé : en s'occupant du sens dénoté, la linguistique positive traite d'un sens improbable, irréel, obscur, tant il est exténué ; elle renvoie dédaigneusement à une linguistique de fantaisie, le sens clair, le sens rayonnant, le sens du sujet en train de s'énoncer (sens clair ? Oui, sens baigné de lumière, comme dans le rêve, où je perçois en finesse l'angoisse, le comblement, l'imposture d'une situation, bien plus vivement que l'histoire qui y arrive).

L'ellipse

Quelqu'un l'interroge : « Vous avez écrit que *l'écriture passe par le corps* : pouvez-vous vous expliquer ? »

Il s'aperçoit alors combien de tels énoncés, si clairs pour lui, sont obscurs pour beaucoup. Pourtant, la phrase n'est pas insensée, mais seulement elliptique : c'est l'ellipse qui n'est pas supportée. À quoi s'ajoute ici, peut-être, une résistance moins formelle : l'opinion publique a une conception réduite du corps : c'est toujours, semble-t-il, ce qui s'oppose à l'âme : toute extension un peu métonymique du corps est tabou.

L'ellipse, figure mal connue, trouble en ceci qu'elle représente l'effroyable liberté du langage, qui est en quelque sorte *sans mesure obligée* : les modules en sont tout à fait artificiels, purement appris ; je ne m'étonne pas plus des ellipses de La Fontaine (pourtant, combien de relais informulés entre le chant de la cigale et son dénuement) que de l'ellipse physique qui unit dans un simple meuble le courant électrique et le froid, parce que ces raccourcis sont placés dans un champ purement opératoire : celui de l'apprentissage scolaire et de la cuisine ; mais le texte n'est pas opératoire : il n'y a pas d'*antécédent* aux transformations logiques qu'il propose.

L'emblème, le gag

C'est un véritable trésor textuel que *Une nuit à l'Opéra*. Si j'ai besoin, pour quelque démonstration critique, d'une allégorie où éclatera la mécanique folle du texte carnavalesque, le film me la fournira : la cabine du paquebot, le contrat déchiré, le charivari final des décors, chacun de ces épisodes (entre autres) est l'emblème des subversions logiques opérées par le Texte ; et si ces emblèmes sont parfaits, c'est finalement parce qu'ils sont comiques, le rire étant ce qui, par un dernier tour, délivre la démonstration de son attribut démonstratif. Ce qui libère la métaphore, le symbole, l'emblème, de la manie poétique, ce qui en manifeste la puissance de subversion, c'est le *saugrenu*, cette « étourderie » que Fourier a su mettre dans ses exemples, au mépris de toute bienséance rhétorique (*SFL*, 782, III). L'avenir logique de la métaphore serait donc le gag.

Une société d'émetteurs

Je vis dans une société d'*émetteurs* (en étant un moi-même) : chaque personne que je rencontre ou qui m'écrit, m'adresse un livre, un texte, un bilan, un prospectus, une protestation, une invitation à un spectacle, à une exposition, etc. La jouissance d'écrire, de produire, presse de toutes parts ; mais le circuit étant commercial, la production libre reste engorgée, affolée et comme éperdue ; la plupart du temps, les textes, les spectacles vont là où on ne les demande pas ; ils rencontrent, pour leur malheur, des « relations », non des amis, encore moins des partenaires ; ce qui fait que cette sorte d'éjaculation collective de l'écriture, dans laquelle on pourrait voir la scène *utopique* d'une société libre (où la jouissance circulerait sans passer par l'argent), tourne aujourd'hui à l'apocalypse.

Emploi du temps

« Pendant les vacances, je me lève à sept heures, je descends, j'ouvre la maison, je me fais du thé, je hache du pain pour les oiseaux qui attendent dans le jardin, je me lave, j'époussette ma table de travail, j'en vide les cendriers, je coupe une rose, j'écoute les informations de sept heures et demie. À huit heures, ma mère descend à son tour ; je déjeune avec elle de deux œufs à la coque, d'un rond de pain grillé et de café noir sans sucre ; à huit heures et quart, je vais chercher le *Sud-Ouest* au village ; je dis à Mme C. : *il fait beau, il fait gris*, etc. ; et puis je commence à travailler. À neuf heures et demie, le facteur passe (*il fait lourd ce matin, quelle belle journée,* etc.), et, un peu plus tard, dans sa camionnette pleine de pains, la fille de la boulangère (elle a fait des études, il n'y a pas lieu de parler du temps) ; à dix heures et demie pile, je me fais du café noir, je fume mon premier cigare de la journée. À une heure, nous déjeunons ; je fais la sieste de une heure et demie à deux heures et demie. Vient alors le moment où je flotte : guère envie de travailler ; parfois je fais un peu de peinture, ou je vais chercher de l'aspirine chez la pharmacienne, ou je brûle des papiers dans le fond du jardin, ou je me fais un pupitre, un casier, une boîte à fiches ; viennent ainsi quatre heures et de nouveau je travaille ; à cinq heures et quart, c'est le thé ; vers sept heures, j'arrête mon travail ; j'arrose le jardin (s'il fait beau) et je fais du piano. Après le dîner, télévision : si elle est ce soir-là trop bête, je retourne à ma table, j'écoute de la musique en faisant des fiches. Je me couche à dix heures et lis à la suite un peu de deux livres : d'une part, un ouvrage de langue bien littéraire (les *Confidences* de Lamartine, le *Journal* des Goncourt, etc.), et d'autre part, un roman policier (plutôt ancien), ou un roman anglais (démodé), ou du Zola. »

– Tout cela n'a aucun intérêt. Bien plus : non seulement vous marquez votre appartenance de classe, mais encore vous faites de cette marque une confidence littéraire, dont la *futilité* n'est plus reçue : vous vous constituez fantasmatiquement en « écrivain », ou pire encore : vous vous *constituez.*

Le privé

C'est en effet lorsque je divulgue mon *privé* que je m'expose le plus : non par risque du « scandale », mais parce que, alors, je présente mon imaginaire dans sa consistance la plus forte ; et l'imaginaire, c'est cela même sur quoi les autres ont barre : ce qui n'est protégé par aucun renversement, aucun déboîtement. Cependant le « privé » change selon la *doxa* à laquelle on s'adresse : si c'est une doxa de droite (bourgeoise ou petite-bourgeoise : institutions, lois, presse), c'est le privé sexuel qui expose le plus. Mais si c'est une doxa de gauche, l'exposition du sexuel ne transgresse rien : le « privé », ici, ce sont les pratiques futiles, les traces d'idéologie bourgeoise dont le sujet fait la confidence : tourné vers cette *doxa*, je suis moins exposé en déclarant une perversion qu'en énonçant un goût : la passion, l'amitié, la tendresse, la sentimentalité, le plaisir d'écrire deviennent alors, par simple déplacement structural, des termes *indicibles* : contredisant ce qui peut être dit, ce qu'on attend que vous disiez, mais que précisément – voix même de l'imaginaire – vous voudriez pouvoir dire *immédiatement* (sans médiation).

En fait...

Vous croyez que la finalité du catch, c'est de gagner ? Non, c'est de comprendre. Vous croyez que le théâtre est fictif, idéal, par rapport à la vie ? Non, dans la photogénie des studios d'Harcourt, c'est la scène qui est triviale et c'est la ville qui est rêvée. Athènes n'est pas une ville mythique ; elle doit être décrite en termes réalistes, sans rapport avec le discours humaniste *(1944)*. Les Martiens ? Ils ne servent pas à mettre en scène l'Autre (l'Étrange), mais le Même. Le film de gangsters n'est pas émotif, comme on pourrait le croire, mais intellectuel. Jules Verne, écrivain du voyage ? Nullement, écrivain de l'enfermement. L'astrologie n'est pas prédictive, mais descriptive (elle décrit très réalistement des conditions sociales). Le théâtre de Racine n'est pas un théâtre de la passion amoureuse, mais de la relation d'autorité, etc.

Ces figures du Paradoxe sont innombrables ; elles ont leur opérateur logique : c'est l'expression : « *en fait* » : le strip-tease n'est pas une sollicitation érotique : *en fait* il désexualise la Femme, etc.

Éros et le théâtre

Le théâtre (la scène découpée) est le lieu même de la *vénusté*, c'est-à-dire d'Éros regardé, éclairé (par Psyché et sa lampe). Il suffit qu'un personnage secondaire, épisodique, présente quelque motif de le désirer (ce motif peut être pervers, ne pas s'attacher à la beauté, mais à un détail du corps, au grain de la voix, à une façon de respirer, à quelque maladresse même), pour que tout un spectacle soit sauvé. La fonction érotique du théâtre n'est pas accessoire, parce que lui seul, de tous les arts figuratifs (cinéma, peinture), donne les corps, et non leur représentation. Le corps de théâtre est à la fois contingent et essentiel : essentiel, vous ne pouvez le posséder (il est magnifié par le prestige du désir nostalgique) ; contingent, vous le pourriez, car il vous suffirait d'être fou un moment (ce qui est en votre pouvoir) pour sauter sur la scène et toucher ce que vous désirez. Le cinéma, au contraire, exclut, par une fatalité de nature, tout passage à l'acte : l'image y est l'absence *irrémédiable* du corps représenté.

(Le cinéma serait semblable à ces corps qui vont, l'été, la chemise largement ouverte : *voyez mais ne touchez pas*, disent ces corps et le cinéma, tous deux, à la lettre, *factices*.)

Le discours esthétique

Il essaye de tenir un discours qui ne s'énonce pas au nom de la Loi et/ou de la Violence : dont l'instance ne soit ni politique, ni religieuse, ni scientifique ; qui soit en quelque sorte le reste et le supplément de tous ces énoncés. Comment appellerons-nous ce discours ? *érotique*, sans doute, car il a à faire avec la jouissance ; ou peut-être encore : *esthétique*, si l'on prévoit de faire subir peu à peu à cette vieille catégorie une légère torsion qui l'éloignera de son fond régressif, idéaliste, et l'approchera du corps, de la dérive.

La tentation ethnologique

Ce qui lui a plu dans Michelet, c'est la fondation d'une ethnologie de la France, la volonté et l'art d'interroger historiquement – c'est-à-dire *relativement* – les objets réputés les plus naturels : le visage, la nourriture, le vêtement, la complexion. D'autre part la population des tragédies raciniennes, celle des romans de Sade ont été décrites comme des peuplades, des ethnies closes, dont la structure devait être étudiée. Dans les *Mythologies*, c'est la France elle-même qui est ethnographiée. De plus, il a toujours aimé les grandes cosmogonies romanesques (Balzac, Zola, Proust), si proches des petites sociétés. C'est que le livre ethnologique a tous les pouvoirs du livre aimé : c'est une encyclopédie, notant et classant toute la réalité, même la plus futile, la plus sensuelle ; cette encyclopédie n'adultère pas l'Autre en le réduisant au Même ; l'appropriation diminue, la certitude du Moi s'allège. Enfin, de tous les discours savants, l'ethnologique lui apparaît comme le plus proche d'une Fiction.

Étymologies

Lorsqu'il écrit *déception*, cela veut dire *déprise* ; *abject* veut dire *à rejeter* ; *aimable* veut dire *que l'on peut aimer* ; *l'image* est une *imitation* ; *précaire* : *que l'on peut supplier, fléchir* ; l'*évaluation* est une *fondation de valeur* ; la *turbulence*, un *tourbillonnement* ; *l'obligation*, un *lien* ; la *définition*, un *tracé de limite,* etc.

Son discours est plein de mots qu'il coupe, si l'on peut dire, à la racine. Pourtant, dans l'étymologie, ce n'est pas la vérité ou l'origine du mot qui lui plaît, c'est plutôt l'*effet de surimpression* qu'elle autorise : le mot est vu comme un palimpseste : il me semble alors que j'ai des idées *à même la langue* – ce qui est tout simplement : écrire (je parle ici d'une pratique, non d'une valeur).

Violence, évidence, nature

Il ne sortait pas de cette idée sombre, que la vraie violence, c'est celle du *cela-va-de-soi* : ce qui est évident est violent, même si cette évidence est représentée doucement, libéralement, démocratiquement ; ce qui est paradoxal, ce qui ne tombe pas sous le sens, l'est moins, même si c'est imposé arbitrairement : un tyran qui promulguerait des lois saugrenues serait à tout prendre moins violent qu'une masse qui se contenterait d'énoncer *ce qui va de soi* : le « naturel » est en somme *le dernier des outrages.*

L'exclusion

Utopie (à la Fourier) : celle d'un monde où il n'y aurait plus que des différences, en sorte que se différencier ne serait plus s'exclure.

Traversant l'église Saint-Sulpice et y assistant par hasard à la fin d'un mariage, il éprouve un sentiment d'exclusion. Pourquoi donc cette altération, venue sous l'effet du plus imbécile des spectacles : cérémoniel, religieux, conjugal et petit-bourgeois (ce n'était pas un grand mariage) ? Le hasard avait amené ce moment rare où tout le symbolique s'accumule et force le corps à céder. Il avait reçu en une seule bouffée tous les partages dont il est l'objet, comme si, brusquement, c'était l'être même de l'exclusion qui lui était assené : compact et dur. Car aux exclusions simples que cet épisode lui représentait, s'ajoutait un dernier éloignement : celui de son langage : il ne pouvait assumer son trouble dans le code même du trouble, c'est-à-dire *l'exprimer* : il se sentait plus qu'exclu : *détaché* : toujours renvoyé à la place du *témoin*, dont le discours ne peut être, on le sait, que soumis à des codes de détachement : ou narratif, ou explicatif, ou contestataire, ou ironique : jamais *lyrique*, jamais homogène au pathos en dehors duquel il doit chercher sa place.

Céline et Flora

L'écriture me soumet à une exclusion sévère, non seulement parce qu'elle me sépare du langage courant (« populaire »), mais plus essentiellement parce qu'elle m'interdit de « m'exprimer » : *qui* pourrait-elle exprimer ? Mettant à vif l'inconsistance du sujet, son atopie, dispersant les leurres de l'imaginaire, elle rend

Marker

1. Plaisir certain

2. Trop plein. Peur du vide

3. Serpentin : trait bête qui
   signifie la volonté du hasard
   et non la pression du corps.
   Trait de bavardage.

4. Fantôme figuratif : oiseau,
   poisson des îles.

intenable tout lyrisme (comme diction d'un « émoi » central). L'écriture est une jouissance sèche, ascétique, nullement effusive.

Or, dans le cas d'une perversion amoureuse, cette sécheresse devient déchirante : je suis barré, je ne puis faire passer dans mon écriture l'*enchantement* (pure image) d'une séduction : comment parler de qui, à qui l'on aime ? Comment faire résonner l'affect, sinon à travers des relais si compliqués, qu'il en perdra toute publicité, et donc toute joie ?

C'est là un trouble de langage très subtil, analogue au *fading* épuisant qui, dans un échange téléphonique, ne frappe parfois que l'un des interlocuteurs. Proust l'a très bien décrit – à propos de tout autre chose que l'amour (l'exemple hétérologique n'est-il pas souvent le meilleur ?). Lorsque les tantes Céline et Flora veulent remercier Swann pour son vin d'Asti, c'est, par recherche d'à-propos, excès de discrétion, euphorie de langage, astéisme un peu fou, d'une façon si allusive, que personne ne les entend ; elles produisent un discours double, mais, hélas, nullement ambigu, car la face publique en est comme abrasée et rendue totalement insignifiante : la communication échoue, non par inintelligibilité, mais parce qu'il s'opère une véritable schize entre l'émoi du sujet – complimenteur ou amoureux – et la nullité, l'aphonie de son expression.

L'exemption de sens

Visiblement, il songe à un monde qui serait *exempté de sens* (comme on l'est de service militaire). Cela a commencé avec *Le Degré zéro*, où est rêvée « l'absence de tout signe » ; ensuite, mille affirmations incidentes de ce rêve (à propos du texte d'avant-garde, du Japon, de la musique, de l'alexandrin, etc.).

Le piquant, c'est que dans l'opinion courante, précisément, il y a une version de ce rêve ; la Doxa, elle non plus, n'aime pas le sens, qui a le tort, à ses yeux, de ramener dans la vie une sorte d'intelligible infini (qu'on ne peut arrêter) : à l'envahissement du sens (dont sont responsables les intellectuels), elle oppose le *concret* ; le concret, c'est ce qui est supposé résister au sens.

Cependant, pour lui, il ne s'agit pas de retrouver un pré-sens, une origine du monde, de la vie, des faits, antérieure au sens, mais plutôt d'imaginer un après-sens : il faut traverser, comme le long d'un chemin initiatique, tout le sens, pour pouvoir l'exténuer, l'exempter. D'où une tactique double : contre la Doxa, il faut revendiquer en faveur du sens, car le sens est produit de l'Histoire, non de la Nature ; mais contre la Science (le discours paranoïaque), il faut maintenir l'utopie du sens aboli.

Le fantasme, pas le rêve

Rêver (bien ou mal) est insipide (quel ennui que celui des récits de rêve !). En revanche, le fantasme aide à passer n'importe quel temps de veille ou d'insomnie ; c'est un petit roman de poche que l'on transporte toujours avec soi et que l'on peut ouvrir partout sans que personne y voie rien, dans le train, au café, en attendant un rendez-vous. Le rêve me déplaît parce qu'on y est tout entier absorbé : le rêve est *monologique* ; et le fantasme me plaît parce qu'il reste concomitant à la conscience de la réalité (celle du lieu où je suis) ; ainsi se crée un espace double, déboîté, échelonné, au sein duquel une voix (je ne saurais jamais dire laquelle, celle du café ou celle de la fable intérieure), comme dans la marche d'une fugue, se met en position d'*indirect* : quelque chose *se tresse*, c'est, sans plume ni papier, un début d'écriture.

Un fantasme vulgaire

X. me disait : « Peut-on imaginer la moindre frustration chez les libertins de Sade ? Et pourtant : leur puissance inouïe, leur prodigieuse liberté sont encore faibles au regard de ma propre fantasmatique. Non que j'aie envie d'ajouter la moindre pratique à la liste apparemment exhaustive de leurs jouissances, mais parce que la seule liberté dont je puisse rêver, ils ne l'ont pas : celle de pouvoir jouir *instantanément* de qui je croise et je désire. Il est vrai, ajoutait-il, que ce fantasme est *vulgaire* : ne suis-je pas en puissance l'individu sadique des faits divers, le détraqué sexuel qui "saute" sur les passantes dans la rue ? Chez Sade, au contraire, rien ne rappelle jamais la médiocrité du discours de presse. »

Le retour comme farce

Vivement frappé, autrefois, frappé à jamais par cette idée de Marx, que, dans l'Histoire, la tragédie parfois revient, *mais comme farce*. La farce est une forme ambiguë, puisqu'elle laisse lire en elle la figure de ce qu'elle redouble dérisoirement ; ainsi de la *Comptabilité* : valeur forte du temps où la bourgeoisie était progressiste, trait mesquin lorsque cette bourgeoisie est devenue triomphante, assagie, exploiteuse ; ainsi encore du « concret » (alibi de tant de savants médiocres et de politiques plats), qui n'est que la farce d'une valeur des plus hautes : l'exemption de sens.

Ce retour-farce est lui-même la dérision de l'emblème matérialiste : la spirale (introduite par Vico dans notre discours occidental). Sur le trajet de la spirale, toutes choses reviennent, mais à une autre place, supérieure : c'est alors le retour de la différence, le cheminement de la métaphore ; c'est la Fiction. La Farce, elle, revient plus bas ; c'est une métaphore qui penche, se fane et choit (qui débande).

La fatigue et la fraîcheur

Le stéréotype peut être évalué en termes de *fatigue*. Le stéréotype, c'est ce qui *commence* à me fatiguer. D'où l'antidote, allégué dès *Le Degré zéro de l'écriture* : la *fraîcheur* du langage.

En 1971, l'expression « idéologie bourgeoise » s'étant considérablement rancie et commençant à « fatiguer », tel un vieux harnais, il en vient (discrètement) à écrire : « l'idéologie *dite* bourgeoise ». Ce n'est pas qu'il dénie un seul instant à l'idéologie sa marque bourgeoise (bien au contraire : que serait-elle d'autre ?) ; mais il lui faut *dénaturer* le stéréotype par quelque signe verbal ou graphique qui affiche son usure (des guillemets, par exemple). L'idéal serait évidemment de gommer peu à peu ces signes extérieurs, tout en empêchant que le mot figé réintègre une nature ; mais pour cela, il faut que le discours stéréotypé soit pris dans une *mimésis* (roman ou théâtre) : ce sont alors les personnages eux-mêmes qui font office de guillemets : Adamov réussit ainsi (dans *Le Ping-Pong*) à produire un langage sans affiche, mais non sans distance : un langage *congelé* (*My*, 739, I).
(Fatalité de l'essai, face au roman : condamné à l'*authenticité* – à la forclusion des guillemets.)

Dans *Sarrasine*, la Zambinella déclare qu'elle veut être, pour le sculpteur qui l'aime, « un ami dévoué », démasquant, par ce masculin, son véritable sexe d'origine ; mais son amant n'entend rien : il est abusé *par le stéréotype* (*S/Z*, 255, III) : combien de fois le discours universel n'a-t-il pas employé cette expression : « *un ami dévoué* » ? Il faudrait partir de cet apologue, mi-grammatical, mi-sexuel, pour reconnaître *les effets de refoulement* du stéréotype. Valéry parlait de ces gens qui meurent dans un accident, faute de vouloir lâcher leur parapluie ; combien de sujets refoulés, déviés, aveuglés sur leur propre sexualité, *faute de lacher un stéréotype.*

Le stéréotype, c'est cet emplacement du discours *où le corps manque*, où l'on est sûr qu'il n'est pas. Inversement, dans ce texte prétendument collectif que je suis en train de lire, parfois, le stéréotype (l'écrivance) cède et l'écriture apparaît ; je suis sûr alors que ce bout d'énoncé a été produit par *un* corps.

La fiction

Fiction : mince détachement, mince décollement qui forme tableau complet, colorié, comme une décalcomanie.

À propos du style *(SI)* : « C'est une image que je veux interroger, ou plus exactement une *vision* : comment *voyons-nous* le style ? » Tout essai repose ainsi, peut-être, sur une *vision* des objets intellectuels. Pourquoi la science ne se donnerait-elle pas le droit d'avoir des visions ? (Bien souvent, par bonheur, elle le prend.) La science ne pourrait-elle devenir fictionnelle ?

La Fiction relèverait d'un *nouvel art intellectuel* (ainsi sont définis la sémiologie et le structuralisme dans le *Système de la Mode*). Avec les choses intellectuelles, nous faisons à la fois de la théorie, du combat critique et du plaisir ; nous soumettons les objets de savoir et de dissertation – comme dans tout art – non plus à une instance de vérité, mais à une pensée des *effets.*

Il aurait voulu produire, non une comédie de l'Intellect, mais son romanesque.

La double figure

Cette œuvre, dans sa continuité, procède par la voie de deux mouvements : la *ligne droite* (le renchérissement, l'accroissement, l'insistance d'une idée, d'une position, d'un goût, d'une image) et le *zigzag* (le contre-pied, la contremarche, la contrariété, l'énergie réactive, la dénégation, le retour d'un aller, le mouvement du Z, la lettre de la déviance).

L'amour, la folie

Ordre du jour de Bonaparte, Premier consul, à sa garde : « *Le grenadier Gobain s'est suicidé par amour : c'était d'ailleurs un très bon sujet. C'est le second événement de cette nature qui arrive au corps depuis un mois. Le Premier consul ordonne qu'il soit mis à l'ordre de la garde : qu'un soldat doit vaincre la douleur et la mélancolie des passions ; qu'il y a autant de vrai courage à souffrir avec constance les peines de l'âme qu'à rester fixe sous la mitraille d'une batterie...* »
Ces grenadiers amoureux, mélancoliques, de quel langage tiraient-ils leur passion (peu conforme à l'image de leur classe et de leur métier) ? Quels livres avaient-ils lus – ou quelle histoire entendue ? Perspicacité de Bonaparte assimilant l'amour à une bataille, non pas – banalement – en ce que deux partenaires s'y affrontent, mais parce que, cinglante comme une mitraille, la rafale amoureuse provoque assourdissement et peur : crise, révulsion du corps, folie : celui qui est amoureux à la

manière romantique, connaît l'expérience de la folie. Or, à ce fou-là, aucun mot moderne n'est aujourd'hui donné, et c'est finalement en cela qu'il se sent fou : aucun langage à voler – sinon très ancien.

Trouble, blessure, détresse ou jubilation : le corps, de fond en comble, emporté, *submergé de Nature*, et tout cela cependant : *comme si j'empruntais une citation*. Dans le sentiment d'amour, dans la folie amoureuse, si je veux parler, je retrouve : le Livre, la Doxa, la Bêtise. Emmêlement du corps et du langage : lequel commence ?

Forgeries

Comment est-ce que *ça marche*, quand j'écris ? – Sans doute par des mouvements de langage suffisamment formels et répétés pour que je puisse les appeler des « figures » : je devine qu'il y a des *figures de production*, des opérateurs de texte. Ce sont entre autres, ici : l'évaluation, la nomination, l'amphibologie, l'étymologie, le paradoxe, le renchérissement, l'énumération, le tourniquet.

Voici une autre de ces figures : la *forgerie* (la forgerie est, dans le jargon des experts graphologues, une imitation d'écriture). Mon discours contient beaucoup de notions couplées *(dénotation/connotation, lisible/scriptible, écrivain/écrivant)*.

Ces oppositions sont des artefacts : on emprunte à la science des manières conceptuelles, une énergie de classement : on vole un langage, sans cependant vouloir l'appliquer jusqu'au bout : impossible de dire : ceci est de la dénotation, ceci de la connotation, ou :

un tel est écrivain, un tel écrivant, etc. : l'opposition est *frappée* (comme une monnaie), mais on ne cherche pas à l'*honorer*. À quoi sert-elle donc ? Tout simplement à *dire quelque chose* : il est nécessaire de poser un paradigme pour produire un sens et pouvoir ensuite le dériver.

Cette manière de faire marcher un texte (par des figures et des opérations) s'accorde bien aux vues de la sémiologie (et de ce qui subsiste en elle de l'ancienne rhétorique) : elle est donc historiquement et idéologiquement marquée : mon texte est en effet *lisible* : je suis du côté de la structure, de la phrase, du texte phrasé : je produis pour reproduire, comme si j'avais une pensée et que je la représente à l'aide de matériaux et de règles : *j'écris classique.*

Fourier ou Flaubert ?

Qui est plus important, historiquement : Fourier ou Flaubert ? Dans l'œuvre de Fourier il n'y a pour ainsi dire aucune trace directe de l'Histoire, pourtant agitée, dont il a été le contemporain. Flaubert, lui, a raconté tout au long d'un roman les événements de 1848. Cela n'empêche pas Fourier d'être plus important que Flaubert : il a énoncé indirectement le désir de l'Histoire et c'est en cela qu'il est à la fois historien et moderne : historien d'un désir.

Le cercle des fragments

Écrire par fragments : les fragments sont alors des pierres sur le pourtour du cercle : je m'étale en rond : tout mon petit univers en miettes ; au centre, quoi ?

Son premier texte ou à peu près *(1942)* est fait de fragments ; ce choix est alors justifié à la manière gidienne « parce que l'incohérence est préférable à l'ordre qui déforme ». Depuis, en fait, il n'a cessé de pratiquer l'écriture courte : tableautins des *Mythologies* et de *L'Empire des signes,* articles et préfaces des *Essais critiques,* lexies de *S/Z,* paragraphes titrés du *Michelet,* fragments du *Sade II* et du *Plaisir du Texte.*

Le catch, il le voyait déjà comme une suite de fragments, une somme de spectacles, car « au catch, c'est chaque moment qui est intelligible, non la durée » (*My,* 680, I) ; il regardait avec étonnement et prédilection cet artifice sportif, soumis dans sa structure même à l'asyndète et à l'anacoluthe, figures de l'interruption et du court-circuit.

Non seulement le fragment est coupé de ses voisins, mais encore à l'intérieur de chaque fragment règne la parataxe. Cela se voit bien si vous faites l'index de ces petits morceaux ; pour chacun d'eux, l'assemblage des référents est hétéroclite ; c'est comme un jeu de bouts rimés : « Soit les mots : *fragment, cercle, Gide, catch, asyndète, peinture, dissertation, Zen, intermezzo* ; imaginez un discours qui puisse les lier. » Eh bien, ce sera tout simplement ce fragment-ci. L'index d'un texte n'est donc pas seulement un instrument de référence ; il est lui-même un texte, un second texte qui est le *relief* (reste et aspérité) du premier : ce qu'il y a de délirant (d'interrompu) dans la raison des phrases.

N'ayant pratiqué en peinture que des barbouillages tachistes, je décide de commencer un apprentissage régulier et patient du dessin ; j'essaye de copier une composition persane du XVIIe siècle (« Seigneur à la chasse ») ; irrésistiblement, au lieu de chercher à représenter les proportions, l'organisation, la structure, je copie et j'enchaîne naïvement détail par détail ; d'où des « arrivées » inattendues : la jambe du cavalier se retrouve perchée tout en haut du poitrail du cheval, etc. En somme, je procède par addition, non par esquisse ; j'ai le goût préalable (premier) du détail, du fragment, du *rush*, et l'inhabileté à le conduire vers une « composition » : je ne sais pas reproduire « les masses ».

Aimant à trouver, à écrire des *débuts*, il tend à multiplier ce plaisir : voilà pourquoi il écrit des fragments : autant de fragments, autant de débuts, autant de plaisirs (mais il n'aime pas les fins : le risque de clausule rhétorique est trop grand : crainte de ne savoir résister au *dernier mot*, à la dernière réplique).

Le Zen appartient au bouddhisme *torin*, méthode de l'ouverture abrupte, séparée, rompue (le *kien* est, à l'opposé, la méthode d'accès graduel). Le fragment (comme le haïku) est *torin* ; il implique une jouissance immédiate : c'est un fantasme de discours, un bâillement de désir. Sous forme de pensée-phrase, le germe du fragment vous vient n'importe où : au café, dans le train, en parlant avec un ami (cela surgit latéralement à ce qu'il dit ou à ce que je dis) ; on sort alors son carnet, non pour noter une « pensée », mais quelque chose comme une frappe, ce qu'on eût appelé autrefois un « vers ».

Quoi, lorsqu'on met des fragments à la suite, nulle organisation possible ? Si : le fragment est comme l'idée musicale d'un cycle *(Bonne Chanson, Dichterliebe)* : chaque pièce se suffit, et cependant elle n'est jamais que l'interstice de ses voisines : l'œuvre n'est faite que de hors-texte. L'homme qui a le mieux compris et pratiqué l'esthétique du fragment (avant Webern), c'est peut-être Schumann ; il appelait le fragment « intermezzo » ; il a multiplié dans ses œuvres les *intermezzi* : tout ce qu'il produisait était finalement *intercalé* : mais entre quoi et quoi ? Que veut dire une suite pure d'interruptions ?

Le fragment a son idéal : une haute condensation, non de pensée, ou de sagesse, ou de vérité (comme dans la Maxime), mais de musique : au « développement », s'opposerait le « ton », quelque chose d'articulé et de chanté, une diction : là devrait régner le *timbre. Pièces brèves* de Webern : pas de cadence : quelle souveraineté il met à *tourner court* !

Le fragment comme illusion

J'ai l'illusion de croire qu'en brisant mon discours, je cesse de discourir imaginairement sur moi-même, j'atténue le risque de transcendance ; mais comme le fragment (le haïku, la maxime, la pensée, le bout de journal) est *finalement* un genre rhétorique et que la rhétorique est cette couche-là du langage qui s'offre le mieux à l'interprétation, en croyant me disperser, je ne fais que regagner sagement le lit de l'imaginaire.

Du fragment au journal

Sous l'alibi de la dissertation détruite, on en vient à la pratique régulière du fragment ; puis du fragment, on glisse au « journal ». Dès lors le but de tout ceci n'est-il pas de se donner le droit d'écrire un « journal » ? Ne suis-je pas fondé à considérer tout ce que j'ai écrit comme un effort clandestin et opiniâtre pour faire réapparaître un jour, librement, le thème du « journal » gidien ? À l'horizon terminal, peut-être tout simplement le texte initial (son tout premier texte a eu pour objet le *Journal* de Gide).

Le « journal » (autobiographique) est cependant, aujourd'hui, discrédité. Chassé-croisé : au XVIᵉ siècle, où l'on commençait à en écrire, sans répugnance, on appelait ça un *diaire* : *diarrhée* et *glaire*.

Production de mes fragments. Contemplation de mes fragments (correction, polissage, etc.). Contemplation de mes déchets (narcissisme).

La fraisette

Tout d'un coup, la Femme faisait surface en Charlus : non pas lorsqu'il courait les militaires et les cochers, mais lorsqu'il demandait chez les Verdurin, d'une voix suraiguë, *de la fraisette*. La boisson serait-elle *une bonne tête de lecture* (tête chercheuse d'une vérité du corps) ?

Boissons qu'on boit toute la vie sans les aimer : le thé, le whisky. Boissons-heures, boissons-effets et non boissons-saveurs. Recherche d'une boisson idéale : qui serait très riche en métonymies de toutes sortes.

Le goût du bon vin (le goût *droit* du vin) est inséparable de la nourriture. Boire du vin, c'est manger. Sous des prétextes diététiques, le patron du T. me donne la règle de ce symbolisme : si l'on boit un verre de vin avant que le repas soit servi, il veut qu'on l'accompagne d'un peu de pain : qu'un contrepoint, qu'une concomitance soit créée ; la civilisation commence avec la duplicité (la surdétermination) : le bon vin n'est-il pas celui dont la saveur se décroche, se dédouble, en sorte que la gorgée accomplie n'ait pas tout à fait le même goût que la gorgée amorcée ? Dans la lampée de bon vin, comme dans la prise de texte, il y a une torsion, un échelonnement de degrés : ça rebique, comme une chevelure.

En se remémorant les petites choses dont il avait été privé dans son enfance, il trouvait ce qu'il aimait aujourd'hui : par exemple, les boissons glacées (des bières très froides), parce qu'en ce temps-là il n'y avait pas encore de réfrigérateurs (l'eau du robinet, à B., dans les étés lourds, était toujours tiède).

Français

Français par les fruits (comme d'autres le furent « par les femmes ») : goût des poires, des cerises, des framboises ; déjà moindre pour les oranges ; et tout à fait nul pour les fruits exotiques, mangues, goyaves, lichees.

Fautes de frappe

Écrire à la machine : rien ne se trace : cela n'existe pas, puis tout d'un coup se trouve tracé : aucune *production* : pas d'approximation ; il n'y a pas naissance de la lettre, mais expulsion d'un petit bout de code. Les fautes de frappe sont donc bien particulières : ce sont des fautes d'essence : me trompant de touche, j'atteins le système au cœur ; la faute de frappe n'est jamais un flou, un *indéchiffrable*, mais une faute lisible, un sens. Cependant, mon corps tout entier passe dans ces fautes de code : ce matin, m'étant levé par erreur trop tôt, je n'arrête pas de me tromper, de falsifier ma copie, et j'écris un autre texte (cette drogue, la fatigue) ; et en temps ordinaire, je fais toujours les mêmes fautes : désorganisant, par exemple, la « structure » par une métathèse obstinée, ou substituant « z » (la lettre mauvaise) au « s » du pluriel (dans l'écriture à la main, je ne fais jamais qu'une faute, fréquente : j'écris « n » pour « m », je m'ampute d'un jambage, je veux des lettres à deux jambes, non à trois). Ces fautes mécaniques, en ce qu'elles ne sont pas des dérapages, mais des substitutions, renvoient donc à un tout autre trouble que les particularismes manuscrits : à travers la machine, l'inconscient écrit bien plus sûrement que l'écriture naturelle, et l'on peut imaginer une *graphanalyse,* autrement pertinente que la fade graphologie ; il est vrai qu'une bonne dactylo ne se trompe pas : elle n'a pas d'inconscient !

Le frisson du sens

Tout son travail, c'est évident, a pour objet une moralité du signe (*moralité* n'est pas *morale*).

Dans cette moralité, comme thème fréquent, le frisson du sens a une place double ; il est ce premier état selon lequel le « naturel » commence à s'agiter, à signifier (à redevenir relatif, historique, idiomatique) ; l'illusion (abhorrée) du *cela-va-de-soi* s'écaille, craque, la machine des langages se met en marche, la « Nature » frissonne de toute la socialité qui y est comprimée, endormie : je m'étonne devant le « naturel » des phrases, tout comme l'ancien Grec de Hegel s'étonne devant la Nature et y écoute le frisson du sens. Cependant à cet état initial de la lecture sémantique, selon lequel les choses sont en marche vers le sens « vrai » (celui de l'Histoire), répond ailleurs et presque contradictoirement une autre valeur : le sens, avant de s'abolir dans l'in-signifiance, frissonne encore : *il y a du sens*, mais ce sens ne se laisse pas « prendre » ; il reste fluide, frémissant d'une légère ébullition. L'état idéal de la socialité se déclare ainsi : un immense et perpétuel bruissement anime des sens innombrables qui éclatent, crépitent, fulgurent sans jamais prendre la forme définitive d'un signe tristement alourdi de son signifié : thème heureux et impossible, car ce sens idéalement frissonnant se voit impitoyablement récupéré par un sens solide (celui de la Doxa) ou par un sens nul (celui des mystiques de libération).

(Formes de ce frisson : le Texte, la signifiance, et peut-être : le Neutre.)

L'induction galopante

Tentation de raisonnement : de ceci, que le récit de rêve (ou de drague) exclut son auditeur (des délices de son référent), induire que l'une des fonctions du Récit serait d'*exclure* son lecteur.

(Deux imprudences : non seulement le fait n'est pas sûr – d'où tirer que le récit de rêve ennuie, sinon d'un sentiment tout personnel ? –, mais encore il est exagérément abstrait, agrandi à la catégorie générale du Récit : ce fait incertain devient le départ d'une extension abusive. Ce qui emporte tout, c'est la saveur du paradoxe : pouvoir suggérer que le Récit n'est nullement projectif, pouvoir subvertir la *doxa* narrative.)

Gaucher

Être gaucher, cela veut dire quoi ? On mange au rebours de la place assignée aux couverts ; on retrouve la poignée de téléphone à l'envers, lorsqu'un droitier s'en est servi avant vous ; les ciseaux ne sont pas faits pour votre pouce. En classe, autrefois, il fallait lutter pour être comme les autres, il fallait normaliser son corps, faire à la petite société du lycée l'oblation de sa bonne main (je dessinais, par contrainte, de la main droite, mais je passais la couleur de la main gauche : revanche de la pulsion) ; une exclusion modeste, peu conséquente, tolérée socialement, marquait la vie adolescente d'un pli ténu et persistant : on s'accommodait et on continuait.

Les gestes de l'idée

Le sujet lacanien (par exemple) ne lui fait nullement penser à la ville de Tokyo ; mais Tokyo lui fait penser au sujet lacanien. Ce procédé est constant : il part rarement de l'idée pour lui inventer ensuite une image ; il part d'un objet sensuel, et espère alors rencontrer dans son travail la possibilité de lui trouver une *abstraction*, prélevée dans la culture intellectuelle du moment : la philosophie n'est plus alors qu'une réserve d'images particulières, de fictions idéelles (il emprunte des objets, non des raisonnements). Mallarmé a parlé des « gestes de l'idée » : il trouve d'abord le geste (expression du corps), ensuite l'idée (expression de la culture, de l'intertexte).

Abgrund

Peut-on – ou du moins pouvait-on autrefois – commencer à écrire sans se prendre pour un autre ? À l'histoire des sources, il faudrait substituer l'histoire des figures : l'origine de l'œuvre, ce n'est pas la première influence, c'est la première posture : on copie un rôle, puis, par métonymie, un art : je commence à produire en reproduisant celui que je voudrais être. Ce premier vœu (je désire et je me voue) fonde un système

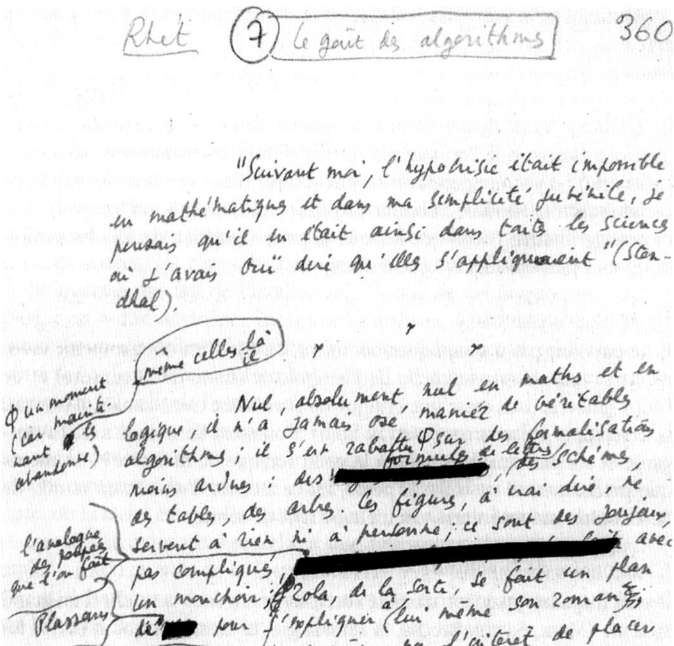

"Suivant moi, l'hypocrisie était impossible en mathématiques et dans ma simplicité puérile, je pensais qu'il en était ainsi dans toutes les sciences où j'avais ouï dire qu'elles s'appliquaient" (Stendhal).

(même celles-là)

(à un moment, (les maths et la logique) sont abandonnées)

Nul, absolument nul en maths et en logique, il n'a jamais osé manier de véritables algorithmes ; il s'est rabattu sur des formalisations moins ardues : des [illisible] des schémas, des tables, des arbres. Ces figures, à vrai dire, ne

l'analogie des jouets que j'ai fait servent à rien ni à personne ; ce sont des jouets,

Plaisanr pas compliqués, [illisible] avec un mouchoir, Zola, de la sorte, se fait un plan

il le sait, [illisible] pour s'expliquer à lui-même son roman ;

que pourraient-ils tromper ? ces dessins n'ont même pas l'intérêt de placer le discours sous l'attité scientifique : ils sont

pourrait-on dire là d'une manière décorative, [illisible] typographique ; de la même façon, le calcul — dont relevait le plaisir — était placé par Fourier dans une chaîne fantasmatique (car il y a des fantasmes de discours) (SFL. [illisible] 89, 107).

on joue pour soi :)

12 Juil

Corrections ? Plutôt pour
le plaisir d'étoiler le texte.

secret de fantasmes qui persistent d'âge en âge, souvent indépendamment des écrits de l'auteur désiré.

L'un de ses premiers articles *(1942)* portait sur le *Journal* de Gide ; l'écriture d'un autre (« En Grèce », *1944*) était visiblement imitée des *Nourritures terrestres*. Et Gide a eu une grande place dans ses lectures de jeunesse : croisé d'Alsace et de Gascogne, en diagonale, comme l'autre le fut de Normandie et de Languedoc, protestant, ayant le goût des « lettres » et jouant du piano, sans compter le reste, comment ne se serait-il pas reconnu, désiré dans cet écrivain ? L'*Abgrund* gidien, l'inaltérable gidien, forme encore dans ma tête un grouillement têtu. Gide est ma langue originelle, mon *Ursuppe*, ma soupe littéraire.

Le goût des algorithmes

Il n'a jamais manié de véritables algorithmes ; il s'est rabattu un moment (mais ce goût semble lui être passé) sur des formalisations moins ardues : des apparences d'équations simples, des schémas, des tables, des arbres. Ces figures, à vrai dire, ne servent à rien ; ce sont des joujoux peu compliqués, l'analogue des poupées que l'on fabrique avec un coin de mouchoir : on joue *pour soi* : Zola, de la sorte, se fait un plan de Plassans pour s'expliquer à lui-même son roman. Ces dessins, il le sait, n'ont même pas l'intérêt de placer le discours sous la raison scientifique : qui pourraient-ils tromper ? Cependant, on joue à la science, on la met dans le tableau, à la façon d'un papier collé. De la même façon, le *calcul* – dont relevait le *plaisir* – était placé par Fourier dans une chaîne fantasmatique (car il y a des fantasmes de discours).

Et si je n'avais pas lu...

Et si je n'avais pas lu Hegel, ni *La Princesse de Clèves*, ni *Les Chats* de Lévi-Strauss, ni *L'Anti-Œdipe* ? – Le livre que je n'ai pas lu et qui souvent *m'est dit* avant même que j'aie le temps de le lire (ce pour quoi, peut-être, je ne le lis pas), ce livre existe au même titre que l'autre : il a son intelligibilité, sa mémorabilité, son mode d'action. N'avons-nous pas assez de liberté pour recevoir un texte *hors de toute lettre* ?

(Répression : n'avoir pas lu Hegel serait une faute exorbitante pour un agrégé de philosophie, pour un intellectuel marxiste, pour un spécialiste de Bataille. Mais moi ? Où commencent mes devoirs de lecture ?)

Celui qui se met dans une pratique de l'écriture accepte assez allègrement de diminuer ou de dévier l'acuité, la responsabilité de ses idées (il faut risquer ceci du ton que l'on met d'ordinaire à dire : *que m'importe ? n'ai-je pas l'essentiel ?*) : il y aurait dans l'écriture la volupté d'une certaine inertie, d'une certaine *facilité* mentale : comme si j'étais indifférent à ma propre bêtise davantage lorsque j'écris que lorsque je parle (combien de fois les professeurs sont plus intelligents que les écrivains).

Hétérologie et violence

Il ne parvient pas à s'expliquer comment il peut d'un côté soutenir (avec d'autres) une théorie textuelle de l'hétérologie (donc de la rupture) et de l'autre amorcer sans cesse une critique de la violence (sans jamais, il est vrai, la développer et l'assumer jusqu'au bout). Comment faire route avec l'avant-garde et ses parrains, lorsqu'on a le goût irénique de la dérive ? – À moins que précisément il ne vaille la peine, fût-ce au prix d'un certain retrait, de faire comme si l'on entrevoyait un *autre style* de schize.

L'imaginaire de la solitude

Il avait toujours, jusqu'ici, travaillé successivement sous la tutelle d'un grand système (Marx, Sartre, Brecht, la sémiologie, le Texte). Aujourd'hui, il lui semble qu'il écrit davantage à découvert ; rien ne le soutient, sinon encore des pans de langages passés (car pour parler il faut bien prendre appui sur d'autres textes). Il dit cela sans l'infatuation qui peut accompagner les déclarations d'indépendance, et sans la pose de tristesse qu'on met à avouer une solitude ; mais plutôt pour s'expliquer à lui-même le sentiment d'insécurité qui le tient aujourd'hui, et, plus encore peut-être, le vague tourment d'une *récession* vers le peu de chose, la chose ancienne qu'il est, « livré à lui-même ».

– Vous faites ici une déclaration d'humilité ; vous ne sortez donc pas de l'imaginaire, et du pire qui soit : psychologique. Il est vrai que ce faisant, par un retournement que vous n'aviez pas prévu et dont vous vous passeriez bien, vous attestez la justesse de votre diagnostic : effectivement, vous *rétrogradez*. – Mais, le disant, j'échappe... etc. *(le redan continue)*.

Hypocrisie ?

Parlant d'un texte, il crédite son auteur de ne pas ménager le lecteur. Mais il a trouvé ce compliment en découvrant que lui-même fait tout pour le ménager et qu'en somme il ne renoncerait jamais à un art de l'*effet*.

L'idée comme jouissance

L'opinion courante n'aime pas le langage des intel-lectuels. Aussi a-t-il été souvent fiché sous l'accusation de jargon intellectualiste. Il se sentait alors l'objet d'une sorte de racisme : on excluait son langage, c'est-à-dire son corps : « Tu ne parles pas comme moi, donc je t'exclus. » Michelet lui-même (mais l'ampleur de sa thématique l'excusait) s'était déchaîné contre les intel-lectuels, les scribes, les clercs, leur assignant la région de l'*infra-sexe* : vue petite-bourgeoise qui fait de l'intel-lectuel, *à cause de son langage*, un être désexué, c'est-à-dire dévirilisé : l'anti-intellectualisme se démasque comme une protestation de virilité ; il ne reste plus alors à l'intellectuel, tel le Genêt de Sartre se voulant, se faisant l'être sous lequel on le fiche, qu'à assumer ce langage qu'on lui colle de l'extérieur.

Et pourtant (malice fréquente de toute accusation sociale) qu'est-ce qu'une idée pour lui, sinon *un empour-prement de plaisir* ? « L'abstraction n'est nullement contraire à la sensualité » (*My*, 803, I). Même dans sa phase structuraliste, où la tâche essentielle était de décrire l'*intelligible* humain, il a toujours associé l'ac-tivité intellectuelle à une jouissance : le *panorama*, par exemple – ce qu'on voit de la tour Eiffel (*TE*, 536, II) –, est un objet à la fois intellectif et heureux : il libère le corps dans le moment même où il lui donne l'illusion de « comprendre » le champ de son regard.

Les idées méconnues

On voit une même idée critique (par exemple : *Le Destin est un dessin intelligent* : il tombe *précisément* là où on ne l'attendait pas) alimenter un livre *(Sur Racine)* et reparaître bien plus tard dans un autre (*S/Z*, 265, III). Il y a ainsi des idées qui reviennent : c'est donc qu'il y tient (en vertu de quel charme ?). Or ces idées chéries n'ont en général aucun écho. Bref, c'est là où j'ose m'encourager au point de me répéter, que *précisément* le lecteur « me laisse tomber » (en quoi – récidivons – le Destin est bien un dessin intelligent). D'une autre façon, j'étais content d'avoir publié (endossant la niaiserie apparente de la remarque) que « l'on écrit pour être aimé » ; on me rapporte que M. D. a trouvé cette phrase idiote : elle n'est en effet supportable que si on la consomme *au troisième degré* : conscient de ce qu'elle a été d'abord touchante, et ensuite imbécile, vous avez *enfin* la liberté de la trouver peut-être juste (M. D. n'a pas su aller jusque-là).

La phrase

La Phrase est dénoncée comme objet idéologique et produite comme jouissance (c'est une essence réduite du Fragment). On peut, alors, ou accuser le sujet de contradiction, ou induire de cette contradiction un étonnement, voire un retour critique : et s'il y avait, à titre de perversion seconde, *une jouissance de l'idéologie* ?

Idéologie et esthétique

L'idéologie : ce qui se répète et *consiste* (par ce dernier verbe elle s'exclut de l'ordre du signifiant). Il suffit donc que l'analyse idéologique (ou la contre-idéologie) se répète et consiste (en proclamant *sur place* sa validité, par un geste de pur dédouanement) pour qu'elle devienne elle-même un objet idéologique.

Que faire ? Une solution est possible : l'*esthétique*. Chez Brecht, la critique idéologique ne se fait pas *directement* (sinon, elle aurait une fois de plus produit un discours ressassant, tautologique, militant) ; elle passe par des relais esthétiques ; la contre-idéologie se glisse sous une fiction, non point réaliste, mais *juste*. C'est peut-être là le rôle de l'esthétique dans notre société : fournir les règles d'un discours *indirect et transitif* (il peut transformer le langage, mais n'affiche pas sa domination, sa bonne conscience).

X., à qui je dis que son manuscrit (pesant pavé contestataire sur la télévision) est trop dissertatif, insuffisamment protégé *esthétiquement*, saute à ce mot et me rend immédiatement la monnaie de ma pièce : il a beaucoup discuté du *Plaisir du Texte* avec des camarades ; mon livre, dit-il, « frôle sans cesse la catastrophe ». La catastrophe, sans doute, à ses yeux, c'est de tomber dans l'esthétique.

L'imaginaire

L'imaginaire, assomption globale de l'image, existe chez les animaux (mais point le symbolique), puisqu'ils se dirigent droit sur le leurre, sexuel ou ennemi, qu'on leur tend. Cet horizon zoologique ne donne-t-il pas à l'imaginaire une précellence d'intérêt ? Est-ce que ce n'est pas là, *épistémologiquement*, une catégorie d'avenir ?

L'effort vital de ce livre est de mettre en scène un imaginaire. « Mettre en scène » veut dire : échelonner des portants, disperser des rôles, établir des niveaux et, à la limite : faire de la rampe une barre incertaine. Il est donc important que l'imaginaire soit traité selon ses degrés (l'imaginaire est une affaire de consistance, et la consistance, une affaire de degrés), et il y a, au fil de ces fragments, plusieurs degrés d'imaginaire. La difficulté, cependant, est qu'on ne peut numéroter ces degrés, comme les degrés d'un spiritueux ou d'une torture.

D'anciens érudits mettaient parfois, sagement, à la suite d'une proposition, le correctif « *incertum* ». Si l'imaginaire constituait un morceau bien tranché, dont la *gêne* serait toujours sûre, il suffirait d'annoncer à chaque fois ce morceau par quelque opérateur métalinguistique, pour se dédouaner de l'avoir écrit. C'est ce qu'on a pu faire ici pour quelques fragments *(guillemets, parenthèses, dictée, scène, redan, etc.)* : le sujet, dédoublé (ou *s'imaginant* tel), parvient parfois à signer son imaginaire. Mais ce n'est pas là une pratique sûre ; d'abord parce qu'il y a un imaginaire de la lucidité et qu'en clivant ce que je dis, je ne fais malgré tout que reporter l'image plus loin, produire une grimace seconde ; ensuite et surtout parce que, bien souvent, l'imaginaire vient à pas de loup, patinant en douceur sur un passé simple, un pronom, un souvenir, bref tout ce qui peut se rassembler sous la devise même du Miroir et de son Image : *Moi, je.*

Le rêve serait donc : ni un texte de vanité, ni un texte de lucidité, mais un texte aux guillemets incertains, aux parenthèses flottantes (ne jamais fermer la parenthèse, c'est très exactement : *dériver*). Cela dépend aussi du lecteur, qui produit l'*échelonnement* des lectures.

(Dans son degré plein, l'Imaginaire s'éprouve ainsi : tout ce que j'ai envie d'écrire de moi et qu'il me gêne *finalement* d'écrire. Ou encore : ce qui ne peut s'écrire sans la complaisance du lecteur. Or, à chaque lecteur sa complaisance ; de là, pour peu qu'on puisse classer ces complaisances, il devient possible de classer les fragments eux-mêmes : chacun reçoit sa marque d'imaginaire de cet horizon même où il se croit aimé, impuni, soustrait à la gêne d'être lu par un sujet sans complaisance, ou simplement : *qui regarderait*.)

Le dandy

L'usage forcené du paradoxe risque d'impliquer (ou tout simplement : implique) une position individualiste, et si l'on peut dire, une sorte de dandysme. Cependant, quoique solitaire, le dandy n'est pas seul : S., étudiant lui-même, me dit – avec regret – que les étudiants sont individualistes ; dans une situation historique donnée – de pessimisme et de rejet –, c'est toute la classe intellectuelle qui, si elle ne milite pas, est virtuellement dandy. (Est dandy celui qui n'a d'autre philosophie que viagère : le temps est le temps de ma vie.)

Qu'est-ce que l'influence ?

On voit bien dans les *Essais critiques* comment le sujet de l'écriture « évolue » (passant d'une morale de l'engagement à une moralité du signifiant) : il évolue au gré des auteurs dont il traite, progressivement. L'objet inducteur n'est cependant pas l'auteur dont je parle, mais plutôt *ce qu'il m'amène à dire de lui* : je m'influence moi-même *avec sa permission* : ce que je dis de lui m'oblige à le penser de moi (ou à ne pas le penser), etc.

Il faut donc distinguer les auteurs sur lesquels on écrit et dont l'influence n'est ni extérieure ni antérieure à ce qu'on en dit, et (conception plus classique) les auteurs qu'on lit ; mais ceux-là, qu'est-ce qui me vient d'eux ? Une sorte de musique, une sonorité pensive, un jeu plus ou moins dense d'anagrammes. (J'avais la tête pleine de Nietzsche, que je venais de lire ; mais ce que je désirais, ce que je voulais capter, c'était un chant d'idées-phrases : l'influence était purement prosodique.)

L'instrument subtil

Programme d'une avant-garde :
« Le monde est à coup sûr sorti de ses gonds, seuls des mouvements violents peuvent tout réemboîter. Mais il se peut que, parmi les instruments servant à cela, il y en ait un petit, fragile, qui réclame qu'on le manipule avec légèreté. » (Brecht, *L'Achat du cuivre*.)

Pause : anamnèses

Au goûter, du lait froid, sucré. Il y avait au fond du vieux bol blanc un défaut de faïence ; on ne savait si la cuiller, en tournant, touchait ce défaut ou une plaque du sucre mal fondu ou mal lavé.

Retour en tramway, le dimanche soir, de chez les grands-parents. On dînait dans la chambre, au coin du feu, de bouillon et de pain grillé.

Dans les soirs d'été, quand le jour n'en finit pas, les mères se promenaient sur de petites routes, les enfants voletaient autour, c'était la fête.

Une chauve-souris entra dans la chambre. Craignant qu'elle ne s'accrochât dans les cheveux, sa mère le prit sur son dos, ils s'ensevelirent sous un drap de lit et pourchassèrent la chauve-souris avec des pincettes.

Assis à califourchon sur une chaise, au coin du chemin des Arènes, le colonel Poymiro, énorme, violacé, veinulé, moustachu et myope, de parole embarrassée, regardait passer et repasser la foule de la corrida. Quel supplice, quelle peur quand il l'embrassait !

Son parrain, Joseph Nogaret, lui offrait de temps en temps un sac de noix et une pièce de cinq francs.

Mme Lafont, maîtresse des divisions enfantines au lycée de Bayonne, portait tailleur, chemisier et renard ; en récompense d'une bonne réponse, elle donnait un bonbon en forme et au goût de framboise.

M. Bertrand, pasteur de la rue de l'Avre, à Grenelle, parlait lentement, solennellement, les yeux fermés. À chaque repas il lisait un peu d'une vieille Bible recouverte d'un drap verdâtre et frappée d'une croix en tapisserie. Cela durait très longtemps ; les jours de départ, on pensait manquer le train.

Un landau attelé de deux chevaux, commandé chez Darrigrand, rue Thiers, venait chercher les voyageurs une fois par an à la maison pour nous conduire à la gare de Bayonne, au train du soir pour Paris. En l'attendant, on jouait au Nain jaune.

L'appartement meublé, loué par correspondance, était occupé. Ils se sont retrouvés un matin de novembre parisien, dans la rue de la Glacière, avec malles et bagages. La crémière d'à côté les a recueillis, elle leur a offert du chocolat chaud et des croissants.

Rue Mazarine, les illustrés s'achetaient chez une papetière toulousaine ; la boutique sentait la pomme de terre sautée ; la femme sortait du fond en mâchouillant un reste de frichti.

Très distingué, M. Grandsaignes d'Hauterive, professeur de Quatrième, maniait un lorgnon d'écaille, avait une odeur poivrée ; il divisait la classe en « camps » et « bancs », pourvus chacun d'un « chef ». Ce n'était que joutes autour des aoristes grecs. (Pourquoi les professeurs sont-ils de bons conducteurs du souvenir ?)

Vers 1932, au Studio 28, un jeudi après-midi de mai, seul, je vis Le Chien andalou *; en sortant, à cinq heures, la rue Tholozé sentait le café au lait que les blanchisseuses prenaient entre deux repassages. Souvenir indicible de décentrement par excès de fadeur.*

À Bayonne, à cause des grands arbres du jardin, beaucoup de moustiques ; il y avait des tulles aux fenêtres (au reste troués). On faisait brûler de petits cônes odoriférants appelés Phidibus. *Puis ce fut le début du* Fly-Tox, *vaporisé par une pompe grinçante, presque toujours vide.*

Atrabilaire, M. Dupouey, professeur de Première, ne répondait jamais lui-même à une question qu'il avait posée ; il attendait parfois une heure en silence que quelqu'un trouvât la réponse ; ou bien il envoyait l'élève se promener dans le lycée.

L'été, le matin, à neuf heures, deux petits garçons m'attendaient dans une maison basse et modeste du quartier Beyris ; il fallait leur faire faire leurs devoirs de vacances. M'attendait aussi sur un papier journal, préparé par une grand-mère menue, un gobelet de café au lait très pâle et très sucré, qui m'écœurait.

Etc. (N'étant pas de l'ordre de la Nature, l'anamnèse comporte un « etc. ».)

J'appelle *anamnèse* l'action – mélange de jouissance et d'effort – que mène le sujet pour retrouver, *sans l'agrandir ni le faire vibrer*, une ténuité du souvenir : c'est le haïku lui-même. Le *biographème* (voir *SFL*, 706, III) n'est rien d'autre qu'une anamnèse factice : celle que je prête à l'auteur que j'aime.

Ces quelques anamnèses sont plus ou moins *mates* (insignifiantes : exemptées de sens). Mieux on parvient a les rendre mates, et mieux elles échappent à l'imaginaire.

Bête ?

Vue classique (reposant sur l'unité de la personne humaine) : la bêtise serait une hystérie : il suffirait de se voir bête, pour l'être moins. Vue dialectique : j'accepte de me pluraliser, de laisser vivre en moi des cantons libres de bêtise.

Souvent, il se sentait bête : c'est qu'il n'avait qu'une intelligence *morale* (c'est-à-dire : ni scientifique, ni politique, ni pratique, ni philosophique, etc.).

La machine de l'écriture

Vers 1963 (à propos de La Bruyère, *EC*, 484, II), il s'emballe pour le couple *métaphore/métonymie* (déjà connu cependant depuis ses conversations avec G., en 1950). Telle une baguette de sourcier, le concept, surtout s'il est couplé, *lève* une possibilité d'écriture : ici, dit-il, gît le pouvoir de dire quelque chose.

Gaspillage.

L'œuvre procède ainsi par engouements conceptuels, empourprements successifs, manies périssables. Le discours s'avance par petits destins, par crises amoureuses. (Malice de la langue : *engouement* veut dire *obstruction* : le mot reste dans la gorge, un certain temps.)

À jeun

En leur donnant rendez-vous pour la prochaine répétition, Brecht disait à ses comédiens : *Nüchtern ! À jeun !* Ne vous empoissez pas, ne vous remplissez pas, ne soyez pas inspirés, attendris, complaisants, soyez secs, soyez à jeun. – Ce que j'écris, suis-je sûr de pouvoir le supporter huit jours plus tard, *à jeun* ? Cette phrase, cette idée (cette idée-phrase) qui me contente quand je la trouve, qui me dit qu'*à jeun* elle ne m'écœurera pas ? Comment interroger mon dégoût (le dégoût de mes propres déchets) ? Comment préparer la meilleure lecture de moi-même que je puisse espérer : non pas aimer, mais seulement *supporter à jeun* ce qui a été écrit ?

Lettre de Jilali

« *Reçois mon bonjour, mon cher Roland. Votre lettre m'a fait un très grand plaisir. Pourtant celle-ci donne l'image de notre amitié intime qui est d'une manière sans défauts. En revanche j'ai la grande joie de vous répondre à votre sérieuse lettre et de vous remercier infiniment et du profond de mon cœur à vos superbes mots. Cette fois-ci, cher Roland, je vais vous parler d'un sujet embêtant (à mon avis). Le sujet est le suivant : j'ai un frère moins âgé que moi, étudiant en Troisième AS, très mélomane (aimant la guitare) et amoureux ; mais la pauvreté le dissimule et le cache dans son monde terrible (il a mal au présent, "que dit votre poète") et je vous prie, cher Roland, de lui chercher un travail dans votre aimable pays dans les brefs délais puisqu'il mène une vie pleine d'inquiétude et de souci ; or vous savez la situation des jeunes Marocains et cela vraiment m'étonne et me refuse les sourires radieux. Et cela vous étonne même si vous avez un cœur dépourvu de xéno-phobie et de misanthropie. En attendant impatiemment votre réponse, je demande à mon Dieu de vous garder en parfaite santé. »*

(Délices de cette lettre : somptueuse, brillante, littérale et néanmoins immédiatement littéraire, littéraire sans culture, renchérissant à chaque phrase sur la jouis-sance langagière, en toutes ses inflexions, précise, impi-toyable, au-delà de toute esthétique, mais sans jamais, et de loin, la censurer [comme l'auraient fait nos tristes compatriotes], la lettre dit *en même temps* la vérité et le désir : tout le désir de Jilali [la guitare l'amour], toute la vérité politique du Maroc. Tel est exactement le discours utopique que l'on peut souhaiter.)

Le paradoxe comme jouissance

G. sort tout excité, tout enivré, d'une représentation de *La Chevauchée sur le lac de Constance,* qu'il décrit en ces termes : *c'est baroque, c'est fou, c'est kitsch, c'est romantique,* etc. *Et,* ajoute-t-il, *c'est complètement démodé !* Pour certaines organisations, le paradoxe est donc une extase, une perte, des plus intenses.

Additif au *Plaisir du Texte* : la jouissance, ce n'est pas ce qui *répond* au désir (le satisfait), mais ce qui le surprend, l'excède, le déroute, le dérive. Il faut se tourner vers les mystiques pour avoir une bonne formulation de ce qui peut faire ainsi dévier le sujet : Ruysbroek : « J'appelle ivresse de l'esprit cet état où la jouissance dépasse les possibilités qu'avait entrevues le désir. »

(Dans *Le Plaisir du Texte,* la jouissance est *déjà* dite imprévisible, et le mot de Ruysbroek est *déjà* cité ; mais je puis toujours me citer pour signifier une insistance, une obsession, puisqu'il s'agit de mon corps.)

Le discours jubilatoire

– *Je t'aime, je t'aime !* Surgi du corps, irrépressible, répété, tout ce paroxysme de la déclaration d'amour ne cache-t-il pas quelque *manque* ? On n'aurait pas besoin de dire ce mot, si ce n'était pour obscurcir, comme la seiche fait de son encre, l'échec du désir sous l'excès de son affirmation.

– Quoi ? Condamnés pour toujours au morne retour d'un discours *moyen* ? N'y a-t-il donc aucune chance pour qu'il existe dans quelque recoin perdu de la logosphère la possibilité d'un pur discours jubilatoire ? À l'une de ses marges extrêmes – tout près, il est vrai, de la mystique –, n'est-il pas concevable que le langage devienne enfin *expression* première et comme *insignifiante* d'un comblement ?

– Rien à faire : c'est le mot de la demande : il ne peut donc que gêner qui le reçoit, sauf la Mère – et sauf Dieu !

– À moins que je ne sois justifié de le jeter, ce mot, pour le cas (improbable mais toujours espéré) où deux « *je t'aime* », émis dans un éclair unique, formeraient une coïncidence pure, annulant, par cette simultanéité, les effets de chantage d'un sujet sur l'autre : la demande se mettrait à *léviter.*

Comblement

Toute la poésie et toute la musique (romantiques) dans cette demande : *je t'aime, ich liebe dich !* Mais la réponse jubilatoire, si par miracle elle survient, que peut-elle être ? Quel est le *goût* du comblement ? – Henri Heine : *Doch wenn du sprichst : Ich liebe dich ! So muss ich weinen bitterlich* : je chavire, je tombe, *je pleure amèrement.*

(Le mot d'amour travaille : comme un deuil.)

Le travail du mot

Et puis, changement de scène : je m'imagine cherchant au ressassement une issue dialectique. Je crois alors que l'apostrophe amoureuse, bien que je la répète et la reconduise de jour en jour à travers le temps, va recouvrir, à chaque fois que je la dirai, un état nouveau. Tel l'Argonaute renouvelant son vaisseau pendant son voyage sans en changer le nom, le sujet amoureux va accomplir à travers la même exclamation une longue course, dialectisant peu à peu la demande originelle sans cependant jamais ternir l'incandescence de sa première adresse, considérant que le travail même de l'amour et du langage est de donner à une même phrase des inflexions toujours nouvelles, créant ainsi une langue inouïe où la forme du signe se répète, mais jamais son signifié ; où le parleur et l'amoureux triomphent enfin de l'atroce *réduction* que le langage (et la science psychanalytique) impriment à tous nos affects.

(Des trois imaginaires que je viens d'alléguer, le plus opérant est le dernier ; car si une image est construite, cette image est du moins celle d'une transformation dialectique – d'une *praxis*.)

La peur du langage

Écrivant tel texte, il éprouve un sentiment coupable de jargon, comme s'il ne pouvait sortir d'un discours fou à force d'être particulier : et si toute sa vie, en somme, *il s'était trompé de langage* ? Cette panique le prend d'autant plus vivement ici (à U.) que, ne sortant pas le soir, il regarde beaucoup la télévision : sans cesse il lui est alors représenté (remontré) un langage courant, dont il est séparé ; ce langage l'intéresse, mais ce n'est pas réciproque : au public de la télévision, son langage, à lui, paraîtrait entièrement irréel (et hors de la jouissance esthétique tout langage irréel a chance d'être ridicule). Telle est la retombée de l'énergie langagière : dans un premier temps, écouter le langage des autres et tirer de cette distance une sécurité ; et dans un second temps, douter de cette retraite : avoir peur de ce qu'on dit (indissociable de la manière dont on le dit).

Sur ce qu'il vient d'écrire dans la journée, il a des peurs nocturnes. La nuit, fantastiquement, ramène tout l'imaginaire de l'écriture : l'image du *produit*, le *potin* critique (ou amical) : *c'est trop ceci, c'est trop cela, ce n'est pas assez...* La nuit, les adjectifs reviennent, en masse.

La langue maternelle

Pourquoi si peu de goût et, ou si peu d'aptitude pour les langues étrangères ? Appris l'anglais au lycée (ennuyeux : *La Reine Mab*, *David Copperfield*, *She Stoops to Conquer*). Pris plus de plaisir à l'italien, dont un ancien pasteur milanais (bizarre conjonction) lui donna quelques rudiments. Mais de ces idiomes, il n'a jamais eu qu'un usage vaguement touristique : il n'est jamais entré dans une langue : peu de goût pour les littératures étrangères, pessimisme constant à l'égard de la traduction, affolement devant les questions des traducteurs, tant ils paraissent souvent ignorer ce que je crois être le sens même d'un mot : la connotation. Tout ce blocage est l'envers d'un amour : celui de la langue maternelle (la langue des femmes). Ce n'est pas un amour national : d'une part, il ne croit à la précellence d'aucune langue et il éprouve souvent les manques cruels du français ; d'autre part, il ne se sent jamais en état de sécurité dans sa propre langue ; les occasions sont nombreuses où il en reconnaît la division menaçante ; parfois, entendant des Français dans la rue, il est étonné de les comprendre, de partager avec eux une partie de son corps. Car sans doute la langue française n'est rien d'autre pour lui que la langue ombilicale.

(Et en même temps, goût pour les langues très étrangères, tel le japonais, dont la structure lui *représente* – image et remontrance – l'organisation d'un sujet *autre*.)

Le lexique impur

Ne pourrait-il se définir ainsi : le rêve d'une syntaxe pure et le plaisir d'un lexique impur, hétérologique (qui mélange l'origine, la spécialité des mots) ? Ce dosage rendrait compte d'une certaine situation historique, mais aussi d'une donnée de consommation : lu un peu plus que la pure avant-garde, mais beaucoup moins qu'un auteur de grande culture.

J'aime, je n'aime pas

J'aime : la salade, la cannelle, le fromage, les piments, la pâte d'amandes, l'odeur du foin coupé (j'aimerais qu'un « nez » fabriquât un tel parfum), les roses, les pivoines, la lavande, le champagne, des positions légères en politique, Glenn Gould, la bière excessivement glacée, les oreillers plats, le pain grillé, les cigares de Havane, Haendel, les promenades mesurées, les poires, les pêches blanches ou de vigne, les cerises, les couleurs, les montres, les stylos, les plumes à écrire, les entremets, le sel cru, les romans réalistes, le piano, le café, Pollock, Twombly, toute la musique romantique, Sartre, Brecht, Verne, Fourier, Eisenstein, les trains, le médoc, le bouzy, avoir la monnaie, Bouvard et Pécuchet, marcher en sandales le soir sur de petites routes du Sud-Ouest, le coude de l'Adour vu de la maison du docteur L., les Marx Brothers, le serrano à sept heures du matin en sortant de Salamanque, etc.

Je n'aime pas : les loulous blancs, les femmes en pantalon, les géraniums, les fraises, le clavecin, Miró, les tautologies, les dessins animés, Arthur Rubinstein, les villas, les après-midi, Satie, Bartók, Vivaldi, téléphoner, les chœurs d'enfants, les concertos de Chopin, les bransles de Bourgogne, les danceries de la Renaissance, l'orgue, M.-A. Charpentier, ses trompettes et ses timbales, le politico-sexuel, les scènes, les initiatives, la fidélité, la spontanéité, les soirées avec des gens que je ne connais pas, etc.

J'aime, je n'aime pas : cela n'a aucune importance pour personne ; cela, apparemment, n'a pas de sens. Et pourtant tout cela veut dire : *mon corps n'est pas le même que le vôtre.* Ainsi, dans cette écume anarchique des goûts et des dégoûts, sorte de hachurage distrait, se dessine peu à peu la figure d'une énigme corporelle, appelant complicité ou irritation. Ici commence l'intimidation du corps, qui oblige l'autre à me supporter *libéralement,* à rester silencieux et courtois devant des jouissances ou des refus qu'il ne partage pas.

(Une mouche m'agace, je la tue : on tue ce qui vous agace. Si je n'avais pas tué la mouche, ç'eût été *par pur libéralisme* : je suis libéral pour ne pas être un assassin.)

Structure et liberté

Structuraliste, qui l'est encore ? Cependant, il l'est au moins en ceci : un lieu uniformément bruyant lui paraît instructuré parce que dans ce lieu il n'y a plus aucune liberté de choisir le silence ou la parole (combien de fois n'a-t-il pas dit à un voisin de bar : *je ne peux vous parler parce qu'il y a trop de bruit*). La structure au moins me fournit deux termes dont je peux à volonté marquer l'un et renvoyer l'autre ; elle est donc à tout prendre un gage (modeste) de liberté : comment ce jour-là donner un sens à mon silence, puisque, *de toutes manières*, je ne peux parler ?

L'acceptable

Il a fait un assez grand usage de cette notion linguistique : *l'acceptable :* une forme est acceptable (lisible, grammaticale), lorsque, dans une langue donnée, elle peut recevoir du sens. La notion peut être reportée au plan du discours. Ainsi, les propositions du haïku sont toujours « simples, courantes, acceptables » (*EpS*, 405, III) ; ainsi encore : de la machine des *Exercices* de Loyola, « sort une demande codée, donc acceptable » (*SFL*, 750, III) ; et d'une manière générale, la science de la littérature (si elle existe un jour) n'aura pas à prouver tel sens, mais à dire « pourquoi un sens est acceptable » (*CV*, 788, II).

Cette notion presque scientifique (puisqu'elle est d'origine linguistique) a son versant passionnel ; elle substitue la validité d'une forme à sa vérité ; et de là, *en douce*, pourrait-on dire, elle amène au thème chéri du sens déçu, exempté, ou encore : d'une disponibilité en dérive. À ce point, l'*acceptable*, sous l'alibi structural, est une figure du désir : je désire la forme acceptable (lisible) comme une manière de déjouer la double violence : celle du sens plein, imposé, et celle du non-sens héroïque.

Lisible, scriptible et au-delà

Dans *S/Z*, une opposition a été proposée : *lisible/scriptible*. Est *lisible* le texte que je ne pourrais réécrire (puis-je aujourd'hui écrire comme Balzac ?) ; est *scriptible* le texte que je lis avec peine, sauf à muter complètement mon régime de lecture. J'imagine maintenant (certains textes qu'on m'envoie me le suggèrent) qu'il y a peut-être une troisième entité textuelle : à côté du lisible et du scriptible, il y aurait quelque chose comme le *recevable*. Le *recevable* serait l'illisible qui accroche, le texte brûlant, produit continûment hors de tout vraisemblable et dont la fonction – visiblement assumée par son scripteur – serait de contester la contrainte mercantile de l'écrit ; ce texte, guidé, armé par une pensée de l'*impubliable*, appellerait la réponse suivante : je ne puis lire ni écrire ce que vous produisez, mais je le *reçois*, comme un feu, une drogue, une désorganisation énigmatique.

La littérature comme mathésis

Lisant des textes classiques (de *L'Âne d'or* à Proust), il s'émerveille toujours de la somme de savoir amassée et ventilée par l'œuvre littéraire (selon des lois propres dont l'étude devrait constituer une nouvelle analyse structurale) : la littérature est une *mathésis*, un ordre, un système, un champ structuré de savoir. Mais ce champ n'est pas infini : d'une part, la littérature ne peut excéder le savoir de son époque ; et d'autre part, elle ne peut tout dire : comme langage, comme généralité *finie*, elle ne peut rendre compte des objets, des spectacles, des événements qui la surprendraient au point de la stupéfier ; c'est ce que Brecht a vu et dit : « Les événements d'Auschwitz, du ghetto de Varsovie, de Buchenwald ne supporteraient certainement pas une description de caractère littéraire. La littérature n'y était pas préparée et ne s'est pas donné les moyens d'en rendre compte. » (*Écrits sur la politique et la société*, p. 244.)

Ceci explique peut-être l'impuissance où nous sommes de produire aujourd'hui une littérature réaliste : il n'est plus possible de réécrire ni Balzac, ni Zola, ni Proust, ni même les mauvais romans socialistes, bien que leurs descriptions se fondent sur une division sociale qui a encore cours. Le réalisme est toujours timide, et il y a trop de *surprise* dans un monde que l'information de masse et la généralisation de la politique ont rendu si profus qu'il n'est plus possible de le figurer projectivement : le monde, comme objet littéraire, échappe ; le savoir déserte la littérature qui ne peut plus être ni *Mimésis*, ni *Mathésis*, mais seulement *Sémiosis*, aventure de l'impossible langagier, en un mot : *Texte* (il est faux de dire que la notion de « texte » redouble la notion de « littérature » : la littérature *représente* un monde fini, le texte *figure* l'infini du langage : sans savoir, sans raison, sans intelligence).

Le livre du Moi

Ses « idées » ont quelque rapport avec la modernité, voire avec ce qu'on appelle l'avant-garde (le sujet, l'Histoire, le sexe, la langue) ; mais il résiste à ses idées : son « moi », concrétion rationnelle, y résiste sans cesse. Quoiqu'il soit fait apparemment d'une suite d'« idées », ce livre n'est pas le livre de ses idées ; il est le livre du Moi, le livre de mes résistances à mes propres idées ; c'est un livre *récessif* (qui recule, mais aussi, peut-être, qui prend du recul).

Tout ceci doit être considéré comme dit par un personnage de roman – ou plutôt par plusieurs. Car l'imaginaire, matière fatale du roman et labyrinthe des redans dans lesquels se fourvoie celui qui parle de lui-même, l'imaginaire est pris en charge par plusieurs masques *(personae)*, échelonnés selon la profondeur de la scène (et cependant *personne* derrière). Le livre ne choisit pas, il fonctionne par alternance, il marche par bouffées d'imaginaire simple et d'accès critiques, mais ces accès eux-mêmes ne sont jamais que des effets de retentissement : pas de plus pur imaginaire que la critique (de soi). La substance de ce livre, finalement, est donc totalement romanesque. L'intrusion, dans le discours de l'essai, d'une troisième personne qui ne renvoie cependant à aucune créature fictive, marque la nécessité de remodeler les genres : que l'essai s'avoue *presque* un roman : un roman sans noms propres.

La loquèle

Ce 7 juin 1972, curieux état : par fatigue, dépression énervée, une loquèle intérieure me saisit, un bombardement de phrases ; c'est-à-dire que je me sens à la fois très intelligent et très vain.

C'est tout le contraire de l'écriture, parcimonieuse dans la dépense même.

Lucidité

Ce livre n'est pas un livre de « confessions » ; non pas qu'il soit insincère, mais parce que nous avons aujourd'hui un savoir différent d'hier ; ce savoir peut se résumer ainsi : ce que j'écris de moi n'en est jamais *le dernier mot* : plus je suis « sincère », plus je suis interprétable, sous l'œil d'autres instances que celles des anciens auteurs, qui croyaient n'avoir à se soumettre qu'à une seule loi : l'*authenticité*. Ces instances sont l'Histoire, l'Idéologie, l'Inconscient. Ouverts (et comment feraient-ils autrement ?) sur ces différents avenirs, mes textes se déboîtent, aucun ne coiffe l'autre ; celui-ci n'est rien d'autre qu'un texte *en* plus, le dernier de la série, non l'ultime du sens : *texte sur texte*, cela n'éclaircit jamais rien.

Quel droit mon présent a-t-il de parler de mon passé ? Mon présent a-t-il barre sur mon passé ? Quelle « grâce » m'aurait éclairé ? seulement celle du temps qui passe, ou d'une bonne cause, rencontrée sur mon chemin ?

Il ne s'agit jamais que de cela : quel est le projet d'écriture qui présentera, non pas la meilleure feinte, mais simplement : une *feinte indécidable* (ce que dit D. de Hegel) ?

Le mariage

Le rapport au Récit (à la représentation, à la *mimésis*) passe par l'œdipe, c'est connu. Mais il passe aussi, dans nos sociétés de masse, par un rapport au mariage. Plus encore que le nombre des pièces de théâtre et des films dont l'adultère est le sujet, j'en vois le signe dans cette scène (pénible) d'interview (à la TV) : on interroge, on cuisine l'acteur J. D. sur ses rapports avec sa femme (elle-même comédienne) ; l'intervieweur *a envie* que ce bon mari soit infidèle ; cela l'excite, il *exige* un mot trouble, un germe de récit. Le mariage donne ainsi de grandes excitations collectives : si l'on supprimait l'œdipe et le mariage, que nous resterait-il à *raconter* ? Eux disparus, l'art populaire mutera de fond en comble.

(Lien de l'œdipe et du mariage : il s'agit de « l' » avoir et de « le » transmettre.)

Un souvenir d'enfance

Lorsque j'étais enfant, nous habitions un quartier appelé Marrac ; ce quartier était plein de maisons en construction dans les chantiers desquelles les enfants jouaient ; de grands trous étaient creusés dans la terre glaise pour servir de fondations aux maisons, et un jour que nous avions joué dans l'un de ces trous, tous les gosses remontèrent, sauf moi, qui ne le pus ; du sol, d'en haut, ils me narguaient : perdu ! seul ! regardé ! exclu ! (être exclu, ce n'est pas être dehors, c'est être *seul dans le trou*, enfermé à ciel ouvert : *forclos*) ; j'ai vu alors accourir ma mère ; elle me tira de là et m'emporta loin des enfants, contre eux.

Au petit matin

Fantasme du petit matin : toute ma vie, j'ai rêvé de me lever tôt (désir de classe : se lever pour « penser », pour écrire, non pour prendre le train de banlieue) ; mais ce petit matin du fantasme, quand bien même je me lèverais, je ne le verrais jamais ; car pour qu'il fût conforme à mon désir, il faudrait qu'à peine levé, sans perdre de temps, je puisse le voir dans l'éveil, la conscience, l'accumulation de sensibilité qu'on a le soir. Comment être *dispos* à volonté ? La limite de mon fantasme, c'est toujours mon *in-disposition*.

Méduse

La Doxa, c'est l'opinion courante, le sens répété, *comme si de rien n'était*. C'est Méduse : elle pétrifie ceux qui la regardent. Cela veut dire qu'elle est *évidente*. Est-elle vue ? Même pas : c'est une masse gélatineuse qui colle au fond de la rétine. Le remède ? Adolescent, je me baignai un jour à Malo-les-Bains, dans une mer froide, infestée de méduses (par quelle aberration avoir accepté ce bain ? Nous étions en groupe, ce qui justifie toutes les lâchetés) ; il était si courant d'en sortir couvert de brûlures et de cloques que la tenancière des cabines vous tendait flegmatiquement un litre d'eau de Javel au sortir du bain. De la même façon, on pourrait concevoir de prendre un plaisir (retors) aux produits endoxaux de la culture de masse, pourvu qu'au sortir d'un bain de cette culture, on vous tendît à chaque fois, comme si de rien n'était, un peu de discours détergent.

Reine et sœur des hideuses Gorgones, Méduse était d'une beauté rare, par l'éclat de sa chevelure. Neptune l'ayant ravie et épousée dans un temple de Minerve, celle-ci la rendit repoussante et transforma ses cheveux en serpents.
(Il est vrai qu'il y a dans le discours de la Doxa d'anciennes beautés endormies, le souvenir d'une sagesse somptueuse et fraîche autrefois ; et c'est bien Athéna, la déité sage, qui se venge en faisant de la Doxa une caricature de sagesse.)

Méduse, ou l'Araignée, c'est la castration. Elle me *sidère*. La sidération est produite par une scène que j'écoute mais ne vois pas : mon écoute est frustrée de sa vision : je reste *derrière la porte*.

La Doxa parle, je l'entends, mais je ne suis pas dans son espace. Homme du paradoxe, comme tout écrivain, je suis *derrière la porte* ; je voudrais bien la passer, je voudrais bien voir ce qui est dit, participer moi aussi à la scène communautaire ; je suis sans cesse *à l'écoute de ce dont je suis exclu* ; je suis en état de sidération, frappé, coupé de la popularité du langage.

La Doxa est oppressive, on le sait. Mais peut-elle être repressive ? Lisons ce mot terrible d'une feuille révolutionnaire (*La Bouche de Fer*, 1790) : « ... il faut mettre au-dessus des trois pouvoirs un pouvoir censorial de surveillance et d'opinion, qui appartiendra à tous, que tous pourront exercer sans représentation. »

Abou Nowas et la métaphore

Le désir ne fait pas acception d'objet. Lorsqu'un prostitué regardait Abou Nowas, Abou Nowas lisait dans son regard non le désir de l'argent, mais le désir tout court – et il en était ému. Que ceci serve d'apologue à toute science du déplacement : peu importe le sens transporté, peu importent les termes du trajet : seul compte – et fonde la métaphore – *le transport lui-même*.

Les allégories linguistiques

En 1959, à propos de l'Algérie française, vous donnez une analyse idéologique du verbe « être ». La « phrase », objet grammatical s'il en fut, vous sert à dire ce qui se passe dans un bar de Tanger. Vous gardez la notion de « métalangage », mais à titre d'imaginaire. Ce procédé est constant chez vous : vous pratiquez une pseudo-linguistique, une linguistique métaphorique : non pas que les concepts grammaticaux aillent chercher des images pour se dire, mais tout au contraire parce que ces concepts viennent constituer des allégories, un langage second, dont l'abstraction est dérivée à des fins romanesques : la plus sérieuse des sciences, celle qui prend en charge l'être même du langage et fournit tout un lot de noms austères, est *aussi* une réserve d'images, et telle une langue poétique, elle vous sert à énoncer le propre de votre désir : vous découvrez une affinité entre la « neutralisation », notion qui permet aux linguistes d'expliquer très scientifiquement la perte du sens dans certaines oppositions pertinentes, et le *Neutre*, catégorie éthique qui vous est nécessaire pour lever la marque intolérable du sens affiché, du sens oppressif. Et le sens lui-même, lorsque vous le regardez fonctionner, c'est avec l'amusement presque puéril d'un acheteur qui ne se fatigue pas de faire jouer le déclic d'un gadget.

Migraines

J'ai pris l'habitude de dire *migraines* pour *maux de tête* (peut-être parce que le mot est beau). Ce mot impropre (car ce n'est pas seulement d'une moitié de ma tête que je souffre) est un mot socialement juste : attribut mythologique de la femme bourgeoise et de l'homme de lettres, la migraine est un fait de classe : voit-on le prolétaire ou le petit commerçant avoir des migraines ? La division sociale passe par mon corps : mon corps lui-même est social.

Pourquoi, à la campagne (dans le Sud-Ouest), ai-je des migraines plus fortes, plus nombreuses ? Je suis au repos, à l'air, et d'autant plus migraineux. Qu'est-ce que je refoule ? Mon deuil de la ville ? La reprise de mon passé bayonnais ? L'ennui de l'enfance ? De quel déplacement mes migraines sont-elles la trace ? Mais peut-être que la migraine est une perversion ? Lorsque j'ai mal à la tête, ce serait alors comme si j'étais saisi d'un désir partiel, comme si je fétichisais un point précis de mon corps : *l'intérieur de ma tête* : je serais donc dans un rapport malheureux/amoureux avec mon travail ? Une manière de me diviser, de désirer mon travail et d'en avoir peur tout à la fois ?

Bien différentes des migraines de Michelet, « mixtes d'éblouissement et de nausée », mes migraines sont mates. Avoir mal à la tête (jamais très fortement), c'est pour moi une façon de rendre mon corps opaque, têtu, tassé, *chu*, c'est-à-dire en fin de compte (grand thème retrouvé) : *neutre*. L'absence de migraine, la veille insignifiante du corps, le degré zéro de la cénesthésie, je les lirais en somme comme le *théâtre* de la santé ; pour m'assurer que mon corps n'est pas sain d'une manière hystérique, il me faudrait de temps en temps lui retirer la *marque* de sa transparence et le vivre comme une sorte d'organe un peu glauque, et non comme une figure triomphante. La migraine serait alors un mal psychosomatique (et non plus névrotique), par lequel j'accepterais d'entrer, mais *juste un peu* (car la migraine est chose ténue), dans la maladie mortelle de l'homme : la carence de symbolisation.

Le démodé

Soustraite au livre, sa vie était continûment celle d'un sujet démodé : quand il était amoureux (par la manière et le fait même), il était démodé ; quand il aimait sa mère (qu'eût-ce été s'il avait bien connu son père et que par malheur il l'eût aimé !), il était démodé ; quand il se sentait démocrate, il était démodé, etc. Mais que la Mode fasse un tour de vis supplémentaire, et ce serait une sorte de kitsch psychologique, en somme.

La mollesse des grands mots

Il y a dans ce qu'il écrit deux sortes de grands mots. Les uns sont simplement mal employés : vagues, insistants, ils servent à occuper la place de plusieurs signifiés (« Déterminisme », « Histoire », « Nature »). Je sens la mollesse de ces grands mots, mous comme les montres de Dali. Les autres (« écriture », « style ») sont remodelés selon un projet personnel, ce sont des mots dont le sens est idiolectal.

Quoique, du point de vue d'une « saine rédaction », ces deux classes n'aient pas la même valeur, elles communiquent pourtant : dans le mot vague (intellectuellement), il y a, d'autant plus vive, une précision existentielle : l'*Histoire* est une idée morale ; elle permet de relativiser le naturel et de croire à un sens du temps ; la *Nature*, c'est la socialité dans ce qu'elle a d'oppressif, d'immobile, etc. Chaque mot *tourne*, soit comme un lait, se perdant dans l'espace désagrégé de la phraséologie, soit comme une vrille, jusqu'à la racine névrotique du sujet. Et d'autres mots, enfin, sont dragueurs : ils suivent qui ils rencontrent : *imaginaire*, en 1963, n'est qu'un terme vaguement bachelardien (*EC*, 467, II) ; mais en 1970 (*S/Z*, 126, III), le voilà rebaptisé, passé tout entier au sens lacanien (même déformé).

Le mollet de la danseuse

À supposer que la *vulgarité* soit une atteinte à la discrétion, l'écriture risque sans cesse d'être vulgaire. Notre écriture (en ce temps) se développe dans un espace du langage qui est encore rhétorique et qui ne peut renoncer à l'être, si l'on veut pouvoir (un peu) communiquer (s'offrir à l'interprétation, à l'analyse). L'écriture suppose donc des *effets de discours* ; pour peu que certains de ces effets soient forcés, l'écriture devient vulgaire : chaque fois, si l'on peut dire, qu'elle montre *son mollet de danseuse*. (Le titre même de ce fragment est *vulgaire*.)

L'imaginaire, arrêté, saisi, immobilisé sous le fantasme d'écrivain, comme par l'effet d'un instantané photographique, devient une sorte de *grimace* ; mais si la pose est voulue, la grimace change de sens (problème : comment le savoir ?).

Politique/morale

Toute ma vie, politiquement, je me suis fait de la bile. J'en induis que le seul Père que j'ai connu (que je me suis donné) a été le Père politique.

C'est une pensée *simple*, qui me revient souvent, mais que je ne vois jamais formuler (c'est peut-être une pensée *bête*) : n'y a-t-il pas *toujours* de l'éthique dans le politique ? Ce qui fonde le politique, ordre du réel, science pure du réel social, n'est-ce pas la Valeur ? Au nom de quoi un militant décide-t-il... de militer ? La pratique politique, s'arrachant justement à toute morale et à toute psychologie, n'a-t-elle pas une origine... psychologique et morale ?

(Ceci est une pensée proprement *arriérée*, car en couplant la Morale et la Politique, vous avez à peu près deux cents ans d'âge, vous datez de 1795, année où la Convention créa l'Académie des sciences morales et politiques : vieilles catégories, vieilles lanternes. – Mais en quoi est-ce *faux* ? – Ce n'est *même pas* faux ; cela n'a plus cours ; les monnaies antiques, elles non plus, ne sont pas fausses ; ce sont des objets de musée, retenus dans une consommation particulière, la consommation du vieux. – Mais ne peut-on tirer de cette vieille monnaie un peu de métal utile ? – Ce qui est utile dans cette pensée bête, c'est d'y retrouver, intraitable, l'affrontement de deux épistémologies : le marxisme et le freudisme.)

Mot-mode

Il ne sait pas bien *approfondir*. Un mot, une figure de pensée, une métaphore, bref une forme s'empare de lui pendant des années, il la répète, s'en sert partout (par exemple, « corps », « différence », « Orphée », « Argo », etc.), mais il n'essaye guère de réfléchir plus avant sur ce qu'il entend par ces mots ou ces figures (et le ferait-il, ce serait pour trouver de nouvelles métaphores en guise d'explications) : on ne peut approfondir une rengaine ; on peut seulement lui en substituer une autre. C'est en somme ce que fait la Mode. Il a de la sorte ses modes intérieures, personnelles.

Mot-valeur

Les mots préférés qu'il emploie sont souvent groupés par oppositions ; des deux mots du couple, il est

Histoire de la sémiologie.

pour l'un, il est *contre* l'autre : *production/produit, structuration/structure, romanesque/ roman, systématique/système, poétique/poésie, ajouré/aérien, copie/ analogie, plagiat/pastiche, figuration/représentation, appropriation/propriété, énonciation/énoncé, bruissement/bruit, maquette/ plan, subversion/contestation, intertexte/contexte, érotisation/érotique,* etc. Parfois, il ne s'agit pas seulement d'oppositions (entre deux mots), mais de clivages (d'un seul mot) : l'*automobile*, c'est bien comme conduite, mal comme objet ; l'*acteur* est sauvé s'il fait partie de la contre-Physis, condamné s'il appartient à la pseudo-Physis ; l'*artifice* est désiré s'il est baudelairien (opposé d'une façon franche à la Nature), déprécié comme *simili* (prétendant mimer cette même Nature). Ainsi entre les mots, dans les mots même, passe « le couteau de la Valeur » (*PlT*, 244, IV).

Mot-couleur

Lorsque j'achète des couleurs, c'est au seul vu de leur nom. Le nom de la couleur *(jaune indien, rouge persan, vert céladon)* trace une sorte de région générique à l'intérieur de laquelle l'effet exact, spécial, de la couleur est imprévisible ; le nom est alors la promesse d'un plaisir, le programme d'une opération : il y a toujours du *futur* dans les noms pleins. De même, lorsque je dis qu'un mot est beau, lorsque je l'emploie parce qu'il me plaît, ce n'est nullement en vertu de son charme sonore ou de l'originalité de son sens, ou d'une combinaison « poétique » des deux. Le mot m'emporte selon cette idée que *je vais faire quelque chose avec lui* : c'est le frémissement d'un faire futur, quelque chose comme un *appétit*. Ce désir ébranle tout le tableau immobile du langage.

Mot-mana

Dans le lexique d'un auteur, ne faut-il pas qu'il y ait toujours un mot-mana, un mot dont la signification ardente, multiforme, insaisissable et comme sacrée, donne l'illusion que par ce mot on peut répondre à tout ? Ce mot n'est ni excentrique ni central ; il est immobile et porté, en dérive, jamais *casé*, toujours *atopique* (échappant à toute topique), à la fois reste et supplément, signifiant occupant la place de tout signifié. Ce mot est apparu dans son œuvre peu à peu ; il a d'abord été masqué par l'instance de la Vérité (celle de l'Histoire), ensuite par celle de la Validité (celle des systèmes et des structures) ; maintenant, il s'épanouit ; ce mot-mana, c'est le mot « corps ».

Le mot transitionnel

Comment le mot devient-il valeur ? Au niveau du corps. La théorie du mot charnel est donnée dans le *Michelet* : le vocabulaire de cet historien, le tableau de ses mots-valeurs est organisé par un frémissement physique, le goût ou l'écœurement de certains corps historiques. Il se crée ainsi, à travers des relais d'une complication variable, des mots « chéris », des mots « favorables » (au sens magique du terme), des mots « merveilleux » (brillants et heureux). Ce sont des mots « transitionnels », analogues à ces bouts d'oreiller, à ces coins de drap, que l'enfant suce avec obstination. Comme pour l'enfant, ces mots chéris font partie de l'aire de jeu ; et comme les objets transitionnels, ils sont de statut incertain ; c'est au fond une sorte d'absence de l'objet, du sens, qu'ils mettent en scène : malgré la dureté de leurs contours, la force de leur répétition, ce sont des mots flous, flottants ; ils cherchent à devenir des fétiches.

Le mot moyen

En parlant, je ne suis pas sûr de chercher le mot juste ; je cherche plutôt à éviter le mot bête. Mais comme j'ai quelque remords de renoncer trop tôt à la vérité, je m'en tiens au *mot moyen*.

Le naturel

L'illusion de naturel est sans cesse dénoncée (dans les *Mythologies*, dans le *Système de la Mode* ; dans *S/Z* même, où il est dit que la dénotation est retournée en Nature du langage). Le naturel n'est nullement un attribut de la Nature physique ; c'est l'alibi dont se pare une majorité sociale : le naturel est une légalité. D'où la nécessité critique de faire apparaître la loi sous ce naturel-là, et, selon le mot de Brecht, « sous la règle l'abus ».

On peut voir l'origine de cette critique dans la situation minoritaire de R. B. lui-même ; il a toujours appartenu à quelque minorité, à quelque marge – de la société, du langage, du désir, du métier, et même autrefois de la religion (il n'était pas indifférent d'être protestant dans une classe de petits catholiques) ; situation nullement sévère, mais qui marque un peu toute l'existence sociale : qui ne sent combien il est *naturel*, en France, d'être catholique, marié et bien diplômé ? La moindre carence introduite dans ce tableau des conformités publiques forme une sorte de pli ténu de ce que l'on pourrait appeler la litière sociale.

Contre ce « naturel », je puis me révolter de deux manières : en revendiquant, tel un légiste, contre un droit élaboré sans moi et contre moi *(« Moi aussi, j'ai le droit de... »)*, ou en dévastant la Loi majoritaire par une action transgressive d'avant-garde. Mais lui, il semble rester bizarrement au carrefour de ces deux refus : il a des complicités de transgression et des humeurs individualistes. Cela donne une philosophie de l'anti-Nature qui reste rationnelle, et le *Signe* est un objet idéal pour cette philosophie-là : car il est possible d'en dénoncer et/ou d'en célébrer l'arbitraire ; il est possible de jouir des codes tout en imaginant avec nostalgie qu'un jour on les abolisse : tel un *out-sider* intermittent, je puis entrer-dans, ou sortir-de la socialité lourde, selon mon humeur – d'insertion ou de distance.

Neuf/nouveau

Sa partialité (le choix de ses valeurs) lui paraît productive lorsque la langue française, par chance, lui fournit des couples de mots à la fois proches et différents, dont l'un renvoie à ce qu'il aime et l'autre à ce qu'il n'aime pas, comme si un même vocable balayait le champ sémantique et d'un mouvement preste de sa queue faisait volte-face (c'est toujours la même structure : structure du paradigme, qui est en somme celle de son désir). Ainsi de *neuf/nouveau* : « nouveau » est bon, c'est le mouvement heureux du Texte : la novation est justifiée historiquement dans toute société où, par régime, la régression menace ; mais « neuf » est mauvais : il faut lutter avec un vêtement neuf pour le porter : le neuf engonce, s'oppose au corps parce qu'il en supprime le jeu, dont une certaine usure est la garantie : un *nouveau* qui ne soit pas entièrement *neuf*, tel serait l'état idéal des arts, des textes, des vêtements.

Le neutre

Le Neutre n'est pas une moyenne d'actif et de passif ; c'est plutôt un va-et-vient, une oscillation amorale, bref, si l'on peut dire, le contraire d'une antinomie. Comme valeur (issue de la région Passion), le Neutre correspondrait à la force par laquelle la pratique sociale balaye et irréalise les antinomies scolastiques (Marx, cité dans *SR*, 101, II : « C'est seulement dans l'existence sociale que les antinomies telles que subjectivisme et objectivisme, spiritualisme et matérialisme, activité et passivité perdent leur caractère antinomique... »).

Figures du Neutre : l'écriture blanche, exemptée de tout théâtre littéraire – le langage adamique – l'insignifiance délectable – le lisse – le vide, le sans-couture – la Prose (catégorie politique décrite par Michelet) – la discrétion – la vacance de la « personne », sinon annulée, du moins rendue irrepérable – l'absence d'*imago* – la suspension de jugement, de procès – le déplacement – (le refus de « se donner une contenance » (le refus de toute contenance) – le principe de délicatesse – la dérive – la jouissance : tout ce qui esquive ou déjoue ou rend dérisoires la parade, la maîtrise, l'intimidation.

Pas de Nature. Dans un premier temps, tout se ramène à la lutte d'une *pseudo-Physis* (Doxa, naturel, etc.) et d'une *anti-Physis* (toutes mes utopies personnelles) : l'une est haïssable, l'autre est désirable. Cependant, dans un temps ultérieur, cette lutte elle-même lui paraît trop théâtrale ; elle est alors, sourdement, repoussée, distancée par la défense (le désir) du Neutre. Le Neutre n'est donc pas le troisième terme – le degré zéro – d'une opposition à la fois sémantique et conflictuelle, c'est, *à un autre cran de la chaîne infinie du langage*, le second terme d'un nouveau paradigme, dont la violence (le combat, la victoire, le théâtre, l'arrogance) est le terme plein.

Actif/passif

Viril/non viril : ce couple célèbre, qui règne sur toute la Doxa, résume tous les jeux d'alternance : le jeu paradigmatique du sens et le jeu sexuel de la parade (tout sens bien formé est une parade : accouplement et mise à mort).

« Ce qui est difficile, ce n'est pas de libérer la sexualité selon un projet plus ou moins libertaire, c'est de la dégager du sens, y compris de la transgression comme sens. Voyez les pays arabes. On y transgresse aisément certaines règles de la "bonne" sexualité, par une pratique assez facile de l'homosexualité... ; mais cette transgression reste implacablement soumise à un régime du sens strict : l'homosexualité, pratique transgressive, reproduit alors immédiatement en elle... le paradigme le plus pur qu'on puisse imaginer, celui de l'*actif/passif*, du *possédant/possédé*, du *niqueur/niqué*, du *tapeur/tapé*... » (*1971*, I). Dans ces pays, donc, l'alternative est pure, systématique ; elle ne connaît aucun terme neutre ou complexe, comme s'il était impossible d'imaginer à cette relation d'exclusion *(aut... aut)* des termes extrapolaires. Or, cette alternative est verbalisée surtout par des garçons bourgeois ou petit-bourgeois qui, placés dans le champ de la promotion, ont besoin d'un discours à la fois *sadique* (anal) et *clair* (arquebouté sur le sens) ; ils veulent un paradigme pur du sens et du sexe, sans fuite, sans faute, sans débordement vers les marges.

Cependant, dès lors que l'alternative est refusée (dès lors que le paradigme est brouillé), l'utopie commence : le sens et le sexe deviennent l'objet d'un jeu libre, au sein duquel les formes (polysémiques) et les pratiques (sensuelles), libérées de la prison binaire, vont se mettre en état d'expansion infinie. Ainsi peuvent naître un texte gongorien et une sexualité heureuse.

L'accommodation

Quand je lis, j'*accommode* : non seulement le cristallin de mes yeux, mais aussi celui de mon intellect, pour capter le bon niveau de signification (celui qui me convient). Une linguistique fine ne devrait plus s'occuper des « messages » (au diable les « messa-ges » !), mais de ces accommodations, qui procèdent sans doute par niveaux et par seuils : chacun *courbe* son esprit, tel un œil, pour saisir dans la masse du texte *cette intelligibilité-là*, dont il a besoin pour connaître, pour jouir, etc. En cela la lecture est un travail : il y a un muscle qui la courbe.

C'est seulement lorsqu'il voit à l'infini, que l'œil normal n'a pas besoin d'accommoder. De même, si je pouvais lire un texte *à l'infini*, je n'aurais plus besoin de rien courber en moi. C'est ce qui se passe postulativement devant le texte dit d'avant-garde (n'essayez pas alors d'accommoder : vous ne percevrez rien).

Le numen

Prédilection pour le mot de Baudelaire, cité plusieurs fois (notamment à propos du catch) : « la vérité emphatique du geste dans les grandes circonstances de la vie ». Il appela cet excès de pose le *numen* (qui est le geste silencieux des dieux prononçant le destin humain). Le *numen*, c'est l'hystérie figée, éternisée, piégée, puisque enfin on la tient immobile, enchaînée sous un long regard. D'où mon intérêt pour les poses (à condition qu'elles soient encadrées), les peintures nobles, les tableaux pathétiques, les yeux levés au ciel, etc.

Passage des objets dans le discours

Différent du « concept » et de la « notion », qui sont, eux, purement idéels, l'*objet intellectuel* se crée par une sorte de pesée sur le signifiant : il me suffit de *prendre au sérieux* une forme (étymologie, dérivation, métaphore) pour me créer à moi-même une sorte de *pensée-mot* qui va courir, tel l'anneau du furet, dans mon langage. Ce mot-objet est à la fois *investi* (désiré) et *superficiel* (on en use, on ne l'approfondit pas) ; il a une existence rituelle ; on dirait qu'à un certain moment, je l'ai *baptisé* de mon signe.

Il est bon, pensait-il, que, par égard pour le lecteur, dans le discours de l'essai passe de temps à autre un objet sensuel (ailleurs, dans *Werther*, passent tout à coup des petits pois cuits au beurre, une orange qu'on pèle et dont on sépare les quartiers). Double bénéfice : apparition somptueuse d'une matérialité et distorsion, écart brusque imprimé au murmure intellectuel.

Michelet lui a donné l'exemple : quel rapport entre le discours anatomique et la fleur de camélia ? – « Le cerveau d'un enfant, dit Michelet, n'est rien d'autre que la fleur laiteuse du camélia. » De là, sans doute, l'habitude de *se distraire*, en écrivant, par des énumérations hétéroclites. N'y a-t-il pas une sorte de volupté à faire passer, comme un rêve odorant, dans une analyse de la socio-logique *(1962)*, « la cerise sauvage, la cannelle, la vanille et le Xérès, le thé du Canada, la lavande, la banane » ; à se reposer de la lourdeur d'une démonstration sémantique par la vision des « ailes, queues, cimiers, panaches, cheveux, écharpes, fumées, ballons, traînes, ceintures et voiles » dont Erté forme les lettres de son alphabet (*Er*, 937, III) – ou encore, à insérer dans une revue de sociologie « les pantalons de brocart, les manteaux-tentures, les longues chemises de nuit blanches » dont se vêtent les Hippies (*1969*, II) ? Ne suffit-il pas de faire passer dans le discours critique un « rond bleuâtre de fumée » pour vous donner le courage, tout simplement... *de le recopier* ?

(Ainsi, parfois, dans les haïkus du Japon, la ligne des mots écrits s'ouvre brusquement et c'est le dessin même du mont Fuji ou d'une sardine qui vient gentiment occuper le lieu du mot congédié.)

Odeurs

Chez Proust, trois sens sur cinq conduisent le souvenir. Mais pour moi, mise à part la voix, moins sonore au fond que, par son grain, *parfumée*, le souvenir, le désir, la mort, le retour impossible, ne sont pas de ce côté-là ; mon corps ne marche pas dans l'histoire de la madeleine, des pavés et des serviettes de Balbec. De ce qui ne reviendra plus, c'est l'odeur qui me revient. Ainsi de l'odeur de mon enfance bayonnaise : tel le monde encerclé par le *mandala*, tout Bayonne est ramassé dans une odeur composée, celle du Petit-Bayonne (quartier entre la Nive et l'Adour) : la corde travaillée par les sandaliers, l'épicerie obscure, la cire des vieux bois, les cages d'escalier sans air, le noir des vieilles Basquaises, noires jusqu'à la cupule d'étoffe qui tenait leur chignon, l'huile espagnole, l'humidité des artisanats et des petits commerces (relieurs, quincailliers), la poussière de papier de la bibliothèque municipale (où j'appris la sexualité dans Suétone et Martial), la colle des pianos en réparation chez Bossière, quelque effluve de chocolat, produit de la ville, tout cela consistant, historique, provincial et méridional. (*Dictée.*)

(Je me rappelle avec folie les odeurs : c'est que je vieillis.)

De l'écriture à l'œuvre

Piège de l'infatuation : donner à croire qu'il accepte de considérer ce qu'il a écrit comme une « œuvre », passer d'une contingence d'écrits à la transcendance d'un produit unitaire, sacré. Le mot « œuvre » est déjà imaginaire.

La contradiction est bien entre l'écriture et l'œuvre (le Texte, lui, est un mot magnanime : il ne fait pas acception de cette différence). Je jouis continûment, sans fin, sans terme, de l'écriture comme d'une production perpétuelle, d'une dispersion inconditionnelle, d'une énergie de séduction qu'aucune défense légale du sujet que je jette sur la page ne peut plus arrêter. Mais dans notre société mercantile, il faut bien arriver à une « œuvre » : il faut construire, c'est-à-dire *terminer* une marchandise. Pendant que j'écris, l'écriture est de la sorte à tout instant aplatie, banalisée, culpabilisée par l'œuvre à laquelle il lui faut bien concourir. Comment écrire, à travers tous les pièges que me tend l'image collective de l'œuvre ? – Eh bien, *aveuglément*. À chaque instant du travail, perdu, affolé et poussé, je ne puis que me dire le mot qui termine le *Huis-clos* de Sartre : *continuons*.

L'écriture est ce *jeu* par lequel je me retourne tant bien que mal dans un espace étroit : je suis coincé, je me démène entre l'hystérie nécessaire pour écrire et l'imaginaire, qui surveille, guinde, purifie, banalise, codifie, corrige, impose la visée (et la vision) d'une communication sociale. D'un côté je veux qu'on me désire et de l'autre qu'on ne me désire pas : hystérique et obsessionnel tout à la fois.

Et pourtant : plus je me dirige vers l'œuvre, et plus je descends dans l'écriture ; j'en approche le fond insoutenable ; un désert se découvre ; il se produit, fatale, déchirante, une sorte de *perte de sympathie* : je ne me sens plus *sympathique* (aux autres, à moi-même). C'est à ce point de contact entre l'écriture et l'œuvre que la dure vérité m'apparaît : *je ne suis plus un enfant*. Ou bien, est-ce l'ascèse de la jouissance que je découvre ?

« *On le sait* »

Une expression apparemment explétive *(« on le sait », « on sait que... »)* est placée en tête de certains développements : il rapporte à l'opinion courante, au savoir commun, la proposition dont il va partir : il se donne la tâche de réagir contre une banalité. Et souvent, ce qu'il lui faut déjouer, ce n'est pas la banalité de l'opinion courante, c'est la sienne propre ; le discours qui lui vient d'abord est banal, et ce n'est qu'en luttant contre cette banalité originelle que peu à peu il écrit. Doit-il décrire sa situation dans un bar de Tanger ? Ce qu'il trouve d'abord à dire, c'est qu'il y est le lieu d'un « langage intérieur » : belle découverte ! Il tente alors de se débarrasser de cette banalité qui l'empoisse et de repérer en elle une particule d'idée avec laquelle il ait quelque rapport de désir : la Phrase ! Cet objet nommé, tout est sauvé ; quoi qu'il écrive (ce n'est pas une question de performance), ce sera toujours un discours investi, où le corps fera son apparition (la banalité, c'est le discours sans corps).

En somme, ce qu'il écrit procéderait d'une banalité *corrigée*.

Opacité et transparence

Principe d'explication : cette œuvre va entre deux termes :
– au terme originel, il y a l'opacité des rapports sociaux. Cette opacité s'est tout de suite dévoilée sous la forme oppressante du stéréotype (les figures obligées de la rédaction scolaire, les romans communistes dans *Le Degré zéro de l'écriture*). Ensuite mille autres formes de la Doxa ;
– au terme final (utopique), il y a la transparence : le sentiment tendre, le vœu, le soupir, le désir d'un repos, comme si la consistance de l'interlocution sociale pouvait un jour s'éclaircir, s'alléger, s'ajourer jusqu'à l'invisibilité.

1. La division sociale produit une opacité (paradoxe apparent : là où c'est très divisé socialement, cela paraît opaque, massif).
2. Contre cette opacité, le sujet se débat, de toutes les manières qu'il peut.
3. Cependant, s'il est lui-même un sujet de langage, son combat ne peut avoir directement une issue politique, car ce serait retrouver l'opacité des stéréotypes. Ce combat prend donc le mouvement d'une apocalypse : il partage à outrance, il exaspère tout un jeu de valeurs, et en même temps il vit utopiquement – pourrait-on dire : il *respire* : la transparence finale des rapports sociaux.

L'antithèse

Étant la figure de l'opposition, la forme exaspérée du binarisme, l'Antithèse est le spectacle même du sens. On en sort : soit par le neutre, soit par l'échappée sur le réel (le confident racinien veut abolir l'antithèse tragique, *SR*, 101, II), soit par le supplément (Balzac

supplémente l'Antithèse sarrasinienne, *S/Z*, 140, III),
soit par l'invention d'un troisième terme (de déport).

Lui-même, cependant, recourt volontiers à l'Antithèse
(par exemple : « La liberté en vitrine, à titre décoratif,
mais l'Ordre chez soi, à titre constitutif », *My*, 774, I).
Encore une contradiction ? – Oui, et qui recevra toujours
la même explication : l'Antithèse est *un vol de langage* :
j'emprunte la violence du discours courant au profit de
ma propre violence, du *sens-pour-moi*.

La défection des origines

Son travail n'est pas antihistorique (du moins il le
souhaite), mais toujours, obstinément, antigénétique,
car l'Origine est une figure pernicieuse de la Nature (de
la Physis) : par un abus intéressé, la Doxa « écrase »
ensemble l'Origine et la Vérité, pour en faire une seule
preuve, l'une et l'autre se renflouant, selon un tourniquet commode : les sciences humaines ne sont-elles pas
étymologiques, recherchant l'*étymon* (origine et vérité)
de tout fait ?

Pour déjouer l'Origine, il culturalise d'abord à fond
la Nature : aucun naturel, nulle part, rien que de l'historique ; puis cette culture, (convaincu avec Benveniste
que toute culture n'est que langage) il la remet dans le
mouvement infini des discours, montés l'un sur l'autre
(et non engendrés) comme dans le jeu de la main
chaude.

Oscillation de la valeur

D'une part la Valeur règne, décide, sépare, met le
bien d'un côté, le mal de l'autre (*le neuf/le nouveau,
la structure/la structuration*, etc.) : le monde signifie

fortement, puisque tout est pris dans le paradigme du goût et du dégoût.

D'autre part, toute opposition est suspecte, le sens fatigue, il veut s'en reposer. La Valeur, qui armait tout, est désarmée, elle s'absorbe dans une utopie : plus d'oppositions, plus de sens, plus de Valeur même, et cette abolition est sans reste.

La Valeur (et le sens avec elle) oscille ainsi, sans cesse. L'œuvre, dans son entier, boite entre une apparence de manichéisme (lorsque le sens est fort) et une apparence de pyrrhonisme (lorsque l'on désire son exemption).

Paradoxa

(Correction du Paradoxe.)

Il règne dans le champ intellectuel un fractionnisme intense : on s'oppose, terme pour terme, au plus proche, mais l'on reste dans le même « répertoire » : en neuropsychologie animale, le répertoire est l'ensemble des visées en fonction desquelles tel animal agit : pourquoi poser au rat des questions d'homme, puisque son « répertoire » est celui d'un rat ? Pourquoi poser à un peintre d'avant-garde des questions de professeur ? La pratique paradoxale, elle, se développe dans un répertoire légèrement différent, qui est plutôt celui de l'écrivain : on ne s'oppose pas à des valeurs *nommées*, fractionnées ; ces valeurs, on les longe, on les fuit, on les esquive : *on prend la tangente* ; ce n'est pas à proprement parler une contremarche (mot pourtant commode de Fourier) ; la crainte est de tomber dans l'opposition, l'agression, c'est-à-dire *dans le sens* (puisque le sens, ce n'est jamais que le déclic d'un contre-terme), c'est-à-dire encore : dans cette solidarité sémantique qui unit les contraires simples.

Le léger moteur de la paranoïa

Discret, très discret moteur de la paranoïa : quand il écrit (peut-être écrivent-ils tous ainsi), il s'en prend avec distance à quelque chose, à quelqu'un d'innommé (que lui seul pourrait nommer). Quelle motion *vindicative* y a-t-il eu à l'origine de telle phrase – pourtant générale, apaisée ? Pas d'écriture qui ne soit, ici et là, *sournoise*. Le mobile est effacé, subsiste l'effet : cette soustraction définit le discours esthétique.

Parler/embrasser

Selon une hypothèse de Leroi-Gourhan, c'est lorsqu'il aurait pu libérer ses membres antérieurs de la marche, et, partant, sa bouche de la prédation, que l'homme aurait pu parler. J'ajoute : *et embrasser*. Car l'appareil phonatoire est aussi l'appareil osculaire. Passant à la station debout, l'homme s'est trouvé libre d'inventer le langage et l'amour : c'est peut-être la naissance anthropologique d'une double perversion concomitante : la parole et le baiser. À ce compte-là, plus les hommes ont été libres (de leur bouche), plus ils ont parlé et embrassé ; et logiquement, lorsque par le progrès les hommes seront débarrassés de toute tâche manuelle, ils ne feront plus que discourir et s'embrasser !

Imaginons à cette double fonction, localisée en un même lieu, une transgression unique, qui naîtrait d'un usage simultané de la parole et du baiser : *parler en embrassant, embrasser en parlant*. Il faut croire que cette volupté existe, puisque les amants ne cessent de « boire la parole sur les lèvres aimées ». Ce qu'ils goûtent alors, c'est, dans la lutte amoureuse, le jeu du sens qui éclôt et s'interrompt : la fonction *qui se trouble* : en un mot : *le corps bredouillé*.

Les corps qui passent

« Un soir, à moitié endormi sur une banquette de bar... » (*PlT*, 249, IV). Voilà donc ce que je faisais dans cette « boîte » de Tanger : j'y dormais un peu. Or la boîte, dans la petite sociologie des villes, est réputée lieu d'éveil et d'action (il s'agit de parler, de communiquer, de rencontrer, etc.) ; au contraire la boîte est ici un lieu de semi-absence. Cet espace n'est pas sans corps, ils sont même tout proches, et c'est ce qui est important ; mais ces corps, anonymes, animés de faibles mouvements, me laissent dans un état d'oisiveté, d'irresponsabilité et de flottement : tout le monde est là, personne ne me demande rien, je gagne sur les deux tableaux : dans la boîte, le corps de l'autre ne se transforme jamais en « personne » (civile, psychologique, sociale, etc.) : il me propose sa promenade, non son interlocution. Comme une drogue spécialement adaptée à mon organisation, la boîte peut alors devenir le lieu de travail de mes phrases : je ne rêve pas, je phrase : c'est le corps regardé, et non plus le corps écouté, qui prend une fonction *phatique* (de contact), maintenant, entre la production de mon langage et le désir flottant dont cette production se nourrit, un rapport d'éveil, non de message. La boîte est en somme un lieu *neutre* : c'est l'utopie du troisième terme, la dérive loin du couple trop pur : *parler/se taire*.

En train, j'ai des idées : on circule autour de moi, et les corps qui passent agissent comme des facilitants. En avion, c'est tout le contraire : je suis immobile, tassé, aveugle ; mon corps, et partant mon intellect, sont morts : je n'ai à ma disposition que le passage du corps vernissé et absent de l'hôtesse, circulant comme une mère indifférente entre les berceaux d'une garderie.

Le jeu, le pastiche

Parmi les nombreuses illusions qu'il entretient sur lui-même, il y a celle-ci, tenace : qu'il aime *jouer*, et donc qu'il en a le pouvoir ; or, il n'a jamais fait un pastiche (du moins volontairement), sauf lorsqu'il était au lycée (sur le *Criton*, 1974), bien qu'il en ait eu souvent envie. Il peut y avoir une raison théorique à cela : s'il s'agit de *déjouer* le sujet, *jouer* est une méthode illusoire, et même d'un effet contraire à ce qu'elle recherche : le sujet d'un jeu est plus consistant que jamais ; le vrai jeu n'est pas de masquer le sujet, mais de masquer le jeu lui-même.

Patch-work

Me commenter ? Quel ennui ! Je n'avais d'autre solution que de me *ré-écrire* – de loin, de très loin – de maintenant : ajouter aux livres, aux thèmes, aux souvenirs, aux textes, une autre énonciation, sans que je sache jamais si c'est de mon passé ou de mon présent que je parle. Je jette ainsi sur l'œuvre écrite, sur le corps et le corpus passés, l'effleurant à peine, une sorte de *patch-work*, une couverture rapsodique faite de carreaux cousus. Loin d'approfondir, je reste à la surface, parce qu'il s'agit cette fois-ci de « moi » (du Moi) et que la profondeur appartient aux autres.

La couleur

L'opinion courante veut toujours que la sexualité soit agressive. Aussi, l'idée d'une sexualité heureuse, douce, sensuelle, jubilatoire, on ne la trouve dans aucun écrit. Où donc la lire ? Dans la peinture, ou mieux encore :

dans la couleur. Serais-je peintre, je ne peindrais que des couleurs : ce champ me paraît libéré également de la Loi (pas d'Imitation, pas d'Analogie) et de la Nature (car en somme toutes les couleurs de la Nature ne viennent-elles pas des peintres ?).

La personne divisée ?

Pour la métaphysique classique, il n'y avait aucun inconvénient à « diviser » la personne (Racine : « J'ai deux hommes en moi ») ; bien au contraire, pourvue de deux termes opposés, la personne marchait comme un bon paradigme (*haut/bas*, *chair/esprit*, *ciel/terre*) ; les parties en lutte se réconciliaient dans la fondation d'un sens : le sens de l'Homme. C'est pourquoi, lorsque nous parlons aujourd'hui d'un sujet divisé, ce n'est nullement pour reconnaître ses contradictions simples, ses doubles postulations, etc. ; c'est une *diffraction* qui est visée, un éparpillement dans le jeté duquel il ne reste plus ni noyau principal ni structure de sens : je ne suis pas contradictoire, je suis dispersé.

Comment expliquez-vous, comment tolérez-vous ces contradictions ? Philosophiquement, il semble que vous soyez matérialiste (si ce mot ne sonne pas trop vieux) ; éthiquement, vous vous divisez : quant au corps, vous êtes hédoniste, quant à la violence, vous seriez plutôt bouddhiste ! Vous n'aimez pas la foi, mais vous avez quelque nostalgie des rites, etc. Vous êtes une marqueterie de réactions : y a-t-il en vous quelque chose de *premier* ?

N'importe quel classement que vous lisez provoque en vous l'envie de vous mettre dans le tableau : où est votre place ? Vous croyez d'abord la trouver ; mais peu à peu, comme une statue qui se désagrège ou un relief qui s'érode, s'étale et défait sa forme, ou mieux encore comme Harpo Marx perdant sa barbe postiche sous l'effet de l'eau qu'il boit, vous n'êtes plus classable, non par excès de personnalité, mais au contraire parce que vous parcourez toutes les franges du spectre : vous réunissez en vous des traits prétendument distinctifs qui dès lors ne distinguent plus rien ; vous découvrez que vous êtes à la fois (ou tour à tour) obsessionnel, hystérique, paranoïaque et de plus pervers (sans parler des psychoses amoureuses), ou que vous additionnez toutes les philosophies décadentes : l'épicurisme, l'eudémonisme, l'asianisme, le manichéisme, le pyrrhonisme.

« Tout s'est fait en nous parce que nous sommes nous, toujours nous, et pas une minute les mêmes. » (Diderot, *Réfutation d'Helvétius.*)

Partitif

Petit-bourgeois : ce prédicat peut venir coller à n'importe quel sujet ; de ce mal, personne n'est à l'abri (c'est normal : toute la culture française, bien au-delà des livres, passe par là) : dans l'ouvrier, dans le cadre, dans le professeur, dans l'étudiant contestataire, dans le militant, dans mes amis X., Y., et en moi, bien sûr, *il y a du petit-bourgeois* : c'est un massif-partitif. Or, il est un autre objet de langage qui présente le même caractère mobile et panique, et figure dans le discours théorique comme un pur partitif : c'est le Texte : je ne puis dire que telle œuvre est un Texte, mais seulement qu'en elle *il y a du Texte. Texte* et *petit-bourgeois* forment ainsi une même substance universelle, ici nocive, là exaltante ; ils ont la même fonction discursive : celle d'un opérateur universel de valeur.

Bataille, la peur

Bataille, en somme, me touche peu : qu'ai-je à faire avec le rire, la dévotion, la poésie, la violence ? Qu'ai-je à dire du « sacré », de l'« impossible » ?

Cependant, il suffit que je fasse coïncider tout ce langage (étranger) avec un trouble qui a nom chez moi la *peur*, pour que Bataille me reconquière : tout ce qu'il écrit, alors, me décrit : ça colle.

Phases

Intertexte	Genre	Œuvres
(Gide)	(l'envie d'écrire)	–
Sartre Marx Brecht	mythologie sociale	*Le Degré zéro* Écrits sur le théâtre *Mythologies*
Saussure	sémiologie	*Éléments de sémiologie* *Système de la Mode*
Sollers Julia Kristeva Derrida Lacan	textualité	*S/Z* *Sade, Fourier, Loyola* *L'Empire des signes*
(Nietzsche)	moralité	*Le Plaisir du texte* *R. B. par lui-même*

Remarques : 1. l'intertexte n'est pas forcément un champ d'influences ; c'est plutôt une musique de figures, de métaphores, de pensées-mots ; c'est le signifiant comme *sirène* ; 2. *moralité* doit s'entendre comme le contraire même de la morale (c'est la pensée du corps en état de langage) ; 3. d'abord des *interventions* (mythologiques), puis des *fictions* (sémiologiques), puis des éclatements, des fragments, des *phrases* ; 4. entre les périodes, évidemment, il y a des chevauchements, des retours, des affinités, des survies ; ce sont en général les articles (de revue) qui assurent ce rôle conjonctif ; 5. chaque phase est réactive : l'auteur réagit soit au discours qui l'entoure, soit à son propre discours, si l'un et l'autre se mettent à trop consister ; 6. comme un clou chasse l'autre, dit-on, une perversion chasse une névrose : à l'obsession politique et morale, succède un petit délire scientifique, que vient dénouer à son tour la jouissance perverse (à fond de fétichisme) ; 7. le découpage d'un temps, d'une œuvre, en phases d'évolution – quoiqu'il s'agisse d'une opération imaginaire – permet d'entrer dans le jeu de la communication intellectuelle : on se fait *intelligible*.

Effet bienfaisant d'une phrase

X. me raconte qu'un jour il décida « d'exonérer sa vie de ses amours malheureuses », et que cette *phrase* lui parut si bien faite qu'elle suffit presque à compenser les échecs qui l'avaient provoquée ; il s'engagea alors (et m'engagea) à profiter davantage de cette *réserve d'ironie* qui est dans le langage (esthétique).

Le texte politique

Le Politique est, subjectivement, une source continue d'ennui et/ou de jouissance ; c'est, de plus et *en fait* (c'est-à-dire en dépit des arrogances du sujet politique), un espace obstinément polysémique, le lieu privilégié d'une interprétation perpétuelle (si elle est suffisamment systématique, une interprétation n'y sera jamais démentie, à l'infini). On pourrait conclure de ces deux constatations que le Politique est du *textuel* pur : une forme exorbitante, exaspérée, du Texte, une forme inouïe qui, par ses débordements et ses masques, dépasse peut-être notre entendement actuel du Texte. Et Sade ayant produit le plus pur des textes, je crois comprendre que le Politique me plaît comme texte *sadien* et me déplaît comme texte *sadique*.

L'alphabet

Tentation de l'alphabet : adopter la suite des lettres pour enchaîner des fragments, c'est s'en remettre à ce qui fait la gloire du langage (et qui faisait le désespoir de Saussure) : un ordre immotivé (hors de toute imitation), qui ne soit pas arbitraire (puisque tout le monde le connaît, le reconnaît et s'entend sur lui). L'alphabet est euphorique : fini l'angoisse du « plan », l'emphase du « développement », les logiques tordues, fini les dissertations ! une idée par fragment, un fragment par idée, et pour la suite de ces atomes, rien que l'ordre millénaire et fou des lettres françaises (qui sont elles-mêmes des objets insensés – privés de sens).

Il ne définit pas un mot, il nomme un fragment : il fait l'inverse même d'un dictionnaire : le mot sort de l'énoncé, au lieu que l'énoncé dérive du mot. Du glossaire, je ne retiens que son principe le plus formel : l'ordre de ses unités. Cet ordre, cependant, peut être malicieux : il produit parfois des effets de sens ; et si ces effets ne sont pas désirés, il faut casser l'alphabet au profit d'une règle supérieure : celle de la rupture (de l'hétérologie) : empêcher qu'un sens « prenne ».

Jacques Lacan, Claude Lévi-Strauss et Roland Barthes.

La mode structuraliste.

La mode atteint le corps. Par la mode, je reviens dans mon texte comme farce, comme caricature. Une sorte de «ça» collectif se substitue à l'image que je croyais avoir de moi, et c'est moi, «ça».

L'ordre dont je ne me souviens plus

Il se souvient à peu près de l'ordre dans lequel il a écrit ces fragments ; mais d'où venait cet ordre ? Au fur et à mesure de quel classement, de quelle suite ? Il ne s'en souvient plus. L'ordre alphabétique efface tout, refoule toute origine. Peut-être, par endroits, certains fragments ont l'air de se suivre par affinité ; mais l'important, c'est que ces petits réseaux ne soient pas raccordés, c'est qu'ils ne glissent pas à un seul et grand réseau qui serait la structure du livre, son sens. C'est pour arrêter, dévier, diviser cette descente du discours vers un destin du sujet, qu'à certains moments l'alphabet vous rappelle à l'ordre (du désordre) et vous dit : *Coupez ! Reprenez l'histoire d'une autre manière* (mais aussi, parfois, pour la même raison, il faut casser l'alphabet).

L'œuvre comme polygraphie

J'imagine une critique antistructurale ; elle ne rechercherait pas l'ordre, mais le désordre de l'œuvre ; il lui suffirait pour cela de considérer toute œuvre comme une *encyclopédie* : chaque texte ne peut-il se définir par le nombre des objets disparates (de savoir, de sensualité) qu'il met en scène à l'aide de simples figures de contiguïté (métonymies et asyndètes) ? Comme encyclopédie, l'œuvre exténue une liste d'objets hétéroclites, et cette liste est l'antistructure de l'œuvre, son obscure et folle polygraphie.

Le langage-prêtre

En ce qui concerne les rites, est-ce si désagréable d'être prêtre ? Quant à la foi, quel sujet humain peut prédire

qu'il ne sera pas un jour conforme à son économie de
« croire » – en ceci ou en cela ? C'est pour le langage
que ça n'irait pas : le langage-prêtre ? Impossible.

Le discours prévisible

Ennui des discours prévisibles. La prévisibilité est
une catégorie structurale, car il est possible de donner
les modes d'attente ou de rencontre (bref : de *suspense*)
dont le langage est la scène (on l'a fait pour le récit) ; on
pourrait donc fonder une typologie des discours sur leur
degré de prévisibilité. *Texte des Morts* : texte litanique,
où on ne peut changer un mot.

(Hier soir, après avoir écrit cela : au restaurant, à
la table toute voisine, deux individus conversent, à
voix non point forte, mais bien frappée, bien dressée,
bien timbrée, comme si une école de diction les avait
préparés à se faire écouter des voisins dans les lieux
publics : tout ce qu'ils disent, phrase par phrase (sur
quelques prénoms de leurs amis, sur le dernier film de
Pasolini), tout est absolument conforme, prévu : pas
une faille dans le système endoxal. Accord de cette
voix qui ne choisit personne et de la Doxa inexorable :
c'est la *jactance*.)

Projets de livres

(Ces idées sont de différentes époques) : *Journal de
Désir* (au jour le jour du Désir, dans le champ de la
réalité). *La Phrase* (idéologie et érotique de la Phrase).
Notre France (nouvelles mythologies de la France
d'aujourd'hui ; ou plutôt : suis-je heureux/malheureux
d'être français ?). *L'amateur* (consigner ce qui m'arrive

lorsque je peins). *Linguistique de l'intimidation* (de la Valeur, de la guerre des sens). *Mille fantasmes* (écrire ses fantasmes, non ses rêves). *Ethologie des intellectuels* (tout aussi important que les mœurs des fourmis). *Le Discours de l'homosexualité* (ou : les discours de l'homosexualité, ou encore : le discours des homosexualités). *Une encyclopédie de la nourriture* (diététique, histoire, économie, géographie et surtout *symbolique*). Une *Vie des hommes illustres* (lire beaucoup de biographies et y récolter des traits, des biographèmes, comme il a été fait pour Sade et Fourier). *Un recueil de stéréotypes visuels* (« Vu un Maghrébin vêtu de sombre, *Le Monde* sous le bras, et faisant le siège d'une fille blonde assise dans un café »). *Le Livre/la vie* (prendre un livre classique et tout y rapporter de la vie pendant un an). *Incidents* (mini-textes, plis, haïkus, notations, jeux de sens, tout ce qui tombe, comme une feuille), etc.

Rapport à la psychanalyse

Son rapport à la psychanalyse n'est pas scrupuleux (sans qu'il puisse pourtant se prévaloir d'aucune contestation, d'aucun refus). C'est un rapport *indécis*.

Psychanalyse et psychologie

Pour que la psychanalyse puisse parler, il faut qu'elle puisse s'emparer d'un discours autre, d'un discours un peu gauche, qui n'est pas encore psychanalytique. Ce discours distant, ce discours *en arrière* – embarrassé de culture ancienne et rhétorique –, c'est ici, par plaques, le discours psychologique. Ce serait en somme la fonction de la psychologie que de se tendre comme un bon objet à la psychanalyse.

(Complaisance à l'égard de qui a barre sur vous ; j'avais ainsi au lycée Louis-le-Grand un professeur d'histoire qui, ayant besoin d'être chahuté, comme d'une drogue quotidienne, tendait obstinément aux élèves mille occasions de charivari : bourdes, naïvetés, mots à double sens, postures ambiguës, et jusqu'à la tristesse dont il marquait toutes ces conduites secrètement provocantes ; ce qu'ayant vite compris, les élèves s'abstenaient, certains jours, sadiquement, de le chahuter.)

« Qu'est-ce que ça veut dire ? »

Passion constante (et illusoire) d'apposer sur tout fait, même le plus menu, non pas la question de l'enfant : *pourquoi ?* mais la question de l'ancien Grec, la question du sens, comme si toutes choses frissonnaient de sens : *qu'est-ce que ça veut dire ?* Il faut à tout prix transformer le fait en idée, en description, en interprétation, bref lui trouver *un autre nom que le sien*. Cette manie ne fait pas acception de futilité : par exemple, si je constate – et je m'empresse de le constater – qu'à la campagne j'aime à pisser dans le jardin et non ailleurs, je veux aussitôt savoir *ce que cela signifie*. Cette rage de faire signifier les faits les plus simples marque socialement le sujet comme d'un vice : *il ne faut pas décrocher la chaîne des noms*, *il ne faut pas déchaîner le langage* : l'excès de nomination est toujours ridiculisé (M. Jourdain, Bouvard et Pécuchet).

(Ici même, sauf dans les *Anamnèses*, dont c'est précisément le prix, on ne rapporte rien sans le faire signifier ; on n'ose pas laisser le fait dans un état d'in-signifiance ; c'est le mouvement de la fable, qui tire de tout fragment de réel une leçon, un sens. Un livre inverse peut être conçu : qui rapporterait mille « incidents », en s'interdisant d'en jamais tirer une ligne de sens ; ce serait très exactement un livre de *haïkus*.)

Quel raisonnement ?

Le Japon est une valeur positive, le babil une valeur négative. Or les Japonais babillent. Qu'à cela ne tienne : il suffira de dire que ce babil-là n'est pas négatif (« c'est tout le corps... qui entretient avec vous une sorte de babil auquel la parfaite domination des codes ôte tout caractère régressif, infantile », *EpS*, 355, III). R. B. fait exactement ce qu'il dit que Michelet fait : « Il existe bien un certain type de causalité micheletiste, mais cette causalité-là reste prudemment reléguée dans les régions improbables de la moralité. Ce sont des "nécessités" d'ordre moral, des postulats tout psychologiques... : *il faut* que la Grèce n'ait pas été homosexuelle, puisqu'elle est toute lumière, etc. » (*Mi*, 315, I.) *Il faut* que le babil japonais ne soit pas régressif, puisque les Japonais sont aimables.

Le « raisonnement » est fait en somme d'un enchaînement de métaphores : il prend un phénomène (la connotation, la lettre Z), et il lui fait subir une avalanche de points de vue ; ce qui tient lieu d'argumentation, c'est le dépliement d'une image : Michelet « mange » l'Histoire ; donc il la « broute » ; donc il « marche » en elle, etc. : tout ce qui arrive à un animal paissant sera ainsi *appliqué* à Michelet : l'application métaphorique tiendra le rôle d'une explication.

On peut appeler « poétique » (sans jugement de valeur) tout discours dans lequel le mot conduit l'idée : si vous aimez les mots au point d'y succomber, vous vous retirez de la loi au signifié, de l'écrivance. C'est à la lettre un discours *onirique* (notre rêve attrape les mots qui lui passent sous le nez et en fait une histoire). Mon corps lui-même (et pas seulement mes idées) peut *se faire* aux mots, être en quelque sorte créé par eux : ce jour, je découvre sur ma langue une plaque rouge qui fait figure d'excoriation – indolore, de plus, ce qui va, je crois, avec le cancer ! Mais vu de près, ce signe n'est qu'une légère desquamation de la pellicule blanchâtre qui recouvre la langue. Je ne peux jurer que tout ce petit scénario obsessionnel n'ait pas été monté pour user de ce mot rare, savoureux à force d'exactitude : une *excoriation*.

La récession

Dans tout ceci il y a des risques de récession : le sujet parle de lui (risque de psychologisme, risque d'infatuation), il énonce par fragments (risque d'aphorisme, risque d'arrogance).

Ce livre est fait de ce que je ne connais pas : l'inconscient et l'idéologie, choses qui ne se parlent que par la voix des autres. Je ne puis mettre en scène (en texte), *comme tels*, le symbolique et l'idéologique qui me traversent, puisque j'en suis la tache aveugle (ce qui m'appartient en propre, c'est *mon* imaginaire, c'est *ma* fantasmatique : d'où ce livre). De la psychanalyse et de la critique politique, je ne puis donc disposer qu'à la manière d'Orphée : sans jamais me retourner, sans jamais les regarder, les déclarer (ou si peu : de quoi remettre encore mon interprétation dans la course de l'imaginaire).

Le titre de cette collection *(X par lui-même)* a une portée analytique : *moi par moi ?* Mais c'est le programme même de l'imaginaire ! Comment est-ce que les rayons du miroir réverbèrent, retentissent sur moi ? Au-delà de cette zone de diffraction – la seule sur laquelle je puisse jeter un regard, sans cependant jamais pouvoir en exclure celui-là même qui va en parler – , il y a la réalité, et il y a encore le symbolique. De celui-là, je n'ai nulle responsabilité (j'ai bien assez à faire avec mon imaginaire !) : à l'Autre, au transfert, et donc *au lecteur*.

Et tout cela se fait, c'est ici bien évident, à travers la Mère, présente à côté du Miroir.

Le réflexe structural

Comme le sportif se réjouit de ses bons réflexes, le sémiologue aime à pouvoir saisir vivement le fonctionnement d'un paradigme. Lisant le *Moïse* de Freud, il se réjouit de surprendre le pur déclic du sens ; la jouissance est d'autant plus forte que c'est ici l'opposition de deux simples lettres qui conduit, de proche en proche, l'opposition de deux religions : *Amon/Aton* : toute l'histoire du judaïsme dans le passage du « m » au « t ».

(Le réflexe structural consiste à *reculer* le plus longtemps possible la pure différence jusqu'au bout d'un tronc commun : que le sens éclate, pur et sec, *in extremis* ; que la victoire du sens soit acquise de justesse, comme dans un bon « thrilling ».)

Le règne et le triomphe

Dans le pandémonium des discours sociaux, des grands sociolectes, distinguons deux variétés d'arrogances, deux modes monstrueux de domination rhétorique : le *Règne* et le *Triomphe*. La Doxa n'est pas triomphaliste ; elle se contente de régner ; elle diffuse, elle empoisse ; c'est une dominance légale, naturelle ; c'est un nappé général, épandu avec la bénédiction du Pouvoir ; c'est un Discours universel, un mode de jactance qui est déjà tapi dans le seul fait de « tenir » un discours (sur quelque chose) : d'où l'affinité de nature entre le discours endoxal et la radiophonie : à la mort de Pompidou, pendant trois jours, *ça a coulé, ça a diffusé.* Au contraire, le langage militant, révolutionnaire ou religieux (du temps où la religion militait) est un langage triomphant : chaque acte du discours est un triomphe à l'antique : on fait défiler les vainqueurs et les ennemis défaits. On pourrait mesurer le mode d'assurance des régimes politiques et préciser leur évolution selon qu'ils sont (encore) dans le Triomphe, ou (déjà) dans le Règne. Il faudrait étudier, par exemple, comment, à quel rythme, selon quelles figures, le triomphalisme révolutionnaire de 1793 s'est peu à peu assagi, diffusé, comment il a « pris », est passé à l'état de Règne (de la parole bourgeoise).

Abolition du règne des valeurs

Contradiction : tout un long texte sur la valeur, sur un affect continu d'évaluation – ce qui entraîne une activité à la fois éthique et sémantique –, et en même temps, *et précisément à cause de cela*, une énergie égale à rêver d'une « abolition sans reste du règne des valeurs » (qui était, dit-on, le dessein du Zen).

Qu'est-ce qui limite la représentation ?

Brecht faisait mettre du linge mouillé dans le panier de l'actrice pour que sa hanche ait le bon mouvement, celui de la blanchisseuse aliénée. C'est très bien ; mais aussi c'est stupide, non ? Car ce qui pèse dans le panier, ce n'est pas le linge, c'est le temps, c'est l'histoire, et ce poids-là, comment le *représenter* ? Il est impossible de représenter le politique : il résiste à toute copie, quand bien même s'épuiserait-on à la rendre toujours plus vraisemblable. Contrairement à la croyance invétérée de tous les arts socialistes, là où commence le politique, là cesse l'imitation.

Le retentissement

Tout mot qui le concerne retentit en lui à l'extrême, et c'est ce retentissement qu'il redoute, au point de fuir peureusement tout discours qui pourrait être tenu à son sujet. La parole des autres, complimenteuse ou non, est marquée à la source du retentissement qu'elle risque d'avoir. Lui seul, parce qu'il en connaît le point de départ, peut mesurer l'effort qui lui est nécessaire pour lire un texte s'il parle de lui. Le lien au monde est ainsi toujours conquis à partir d'une peur.

Réussi/raté

À se relire, il croit repérer dans la texture même de chaque écrit un singulier clivage : celui de *réussi/raté* : par bouffées, des bonheurs d'expression, des plages heureuses, puis des marais, des scories, qu'il a même commencé d'inventorier. Quoi, aucun livre continûment réussi ? – Sans doute le livre sur le Japon. À la sexualité heureuse a correspondu tout naturellement le bonheur continu, effusif, jubilatoire, de l'écriture : *dans ce qu'il écrit, chacun défend sa sexualité.*

Une troisième catégorie est possible : ni réussi ni raté : *honteux* : marqué, fleurdelisé d'imaginaire.

COMPOSITION FRANÇAISE *

Durée : 6 heures

——

« Le style est presque au-delà [de la Littérature] : des images, un débit, un lexique naissent du corps et du passé de l'écrivain et deviennent peu à peu les automatismes mêmes de son art. Ainsi sous le nom de style, se forme un langage autarcique qui ne plonge que dans la mythologie personnelle et secrète de l'auteur... où se forme le premier couple des mots et des choses, où s'installent une fois pour toutes les grands thèmes verbaux de son existence. Quel que soit son raffinement, le style a toujours quelque chose de brut : il est une forme sans destination, il est le produit d'une poussée, non d'une intention, il est comme une dimension verticale et solitaire de la pensée. [...] Le style est proprement un phénomène d'ordre germinatif, il est la transmutation d'une humeur. [...] Le miracle de cette transmutation fait du style une sorte d'opération supralittéraire, qui emporte l'homme au seuil de la puissance et de la magie. Par son origine biologique, le style se situe hors de l'art, c'est-à-dire hors du pacte qui lie l'écrivain à la société. On peut donc imaginer des auteurs qui préfèrent la sécurité de l'art à la solitude du style. »

R. Barthes, *Le degré zéro de l'écriture*, chap. I.

Par une analyse de ce texte, vous dégagerez la conception du style que propose R. Barthes et vous l'apprécierez en vous référant à des exemples littéraires.

* Rapport de Mme Châtelet

Les candidates ont été placées cette année devant un texte long de Roland BARTHES. On leur demandait : - d'abord de l'analyser pour en dégager les idées de Roland Barthes sur le style,

- puis d'apprécier librement cette conception.

Un grand nombre d'entre elles ayant paru déroutées par l'analyse, nous insisterons sur cet exercice. Nous indiquerons ensuite les principales directions dans lesquelles pouvait s'engager la discussion.

I - L'ANALYSE

L'analyse suppose d'abord une lecture attentive du passage proposé. Or beaucoup de copies révèlent des faiblesses sur ce point. Rappelons donc quelques règles essentielles sur la manière de lire un texte.

Puisqu'il ne peut s'agir ici d'une lecture expressive à voix haute, on conseillerait volontiers une lecture annotée, qui n'hésite pas à souligner les mots importants, les liaisons indispensables, qui mette en évidence les parallélismes ou les reprises d'expression, bref qui dégage par des moyens matériels la structure du texte. Cette première lecture n'a pour objet que de préparer l'analyse qui doit être elle-même élaborée à partir des éléments retenus.

9

Récupération.

Du choix d'un vêtement

Un film de T. V. sur Rosa Luxemburg me dit la beauté de son visage. De ses yeux, j'induis le désir de lire ses livres. Et de là j'imagine une fiction : celle d'un sujet intellectuel qui déciderait de devenir marxiste et qui aurait à choisir son marxisme : lequel ? de quelle dominance, de quelle marque ? Lénine, Trotsky, Luxemburg, Bakounine, Mao, Bordiga, etc. ? Ce sujet va dans une bibliothèque, lit tout, comme on palpe des vêtements, et choisit le marxisme qui lui convient le mieux, s'apprêtant à tenir dès lors le discours de la vérité à partir d'une économie qui est celle de son corps.

(Ceci pourrait être une scène inédite de *Bouvard et Pécuchet* – si précisément Bouvard et Pécuchet ne changeaient de corps à chaque bibliothèque qu'ils explorent.)

Le rythme

Il a toujours cru à ce rythme grec, la succession de l'Ascèse et de la Fête, le dénouement de l'une par l'autre (et nullement au rythme plat de la modernité : *travail/loisir*). C'était le rythme même de Michelet, passant, dans sa vie et dans son texte, par un cycle de morts et de résurrections, de migraines et d'entrains, de récits (il « ramait » en Louis XI) et de tableaux (son écriture s'y épanouissait). C'est le rythme qu'il a un peu connu en Roumanie, où, par un usage slave ou balkanique, on *s'enfermait* périodiquement pendant trois jours dans la Fête (jeux, nourriture, veille et le reste : c'était le « kef »). Aussi, dans sa propre vie, ce rythme est toujours recherché ; non seulement il faut que dans la journée de travail *il ait en vue* le plaisir du soir (ce qui est banal), mais aussi, complémentairement, de la soirée heureuse surgit, vers sa fin, le désir d'être très vite à demain pour recommencer le travail (d'écriture).

(À noter que le rythme n'est pas forcément régulier : Casals disait très bien que le rythme, c'est le *retard*.)

Que ça se sache

Tout énoncé d'écrivain (même des plus farouches) comporte un opérateur secret, un mot inexprimé, quelque chose comme le morphème silencieux d'une catégorie aussi primitive que la négation ou l'interrogation, dont le sens serait : *« et que ça se sache ! »*. Ce message frappe les phrases de quiconque écrit ; il y a en chacune d'elles un air, un bruit, une tension musculaire, laryngale, qui fait penser aux trois coups du théâtre ou au gong de Rank. Même Artaud, le dieu hétérologique, dit de ce qu'il écrit : *que ça se sache !*

Entre Salamanque et Valladolid

Un jour d'été (1970), roulant et rêvant entre Salamanque et Valladolid, pour se désennuyer, il imaginait par jeu une philosophie nouvelle, baptisée aussitôt « préférentialisme », dont il se souciait peu alors, dans son auto, qu'elle fût légère ou coupable : sur un fond (un roc ?) matérialiste où le monde n'est vu que comme un tissu, un texte déroulant la révolution des langages, la guerre des systèmes, et où le sujet, dispersé, inconstitué, ne peut se saisir qu'au prix d'un imaginaire, le choix (politique, éthique) de ce semblant de sujet n'a aucune valeur fondatrice : *ce choix n'est pas important* ; quelle que soit la façon, pompeuse ou violente, dont on le déclare, il n'est rien d'autre qu'une *inclination* : devant les *morceaux* du monde, je n'ai droit qu'à la *préférence*.

Exercice scolaire

1. Pourquoi l'auteur mentionne-t-il la date de cet épisode ?

2. En quoi le lieu justifie-t-il de « rêver » et de « s'ennuyer » ?

3. En quoi la philosophie évoquée par l'auteur pourrait-elle être « coupable » ?

4. Expliquez la métaphore « un tissu ».

5. Citez des philosophies auxquelles peut s'opposer le « préférentialisme ».

6. Sens des mots « révolution », « système », « imaginaire », « inclination ».

7. Pourquoi l'auteur souligne-t-il certains mots ou certaines expressions ?

8. Caractérisez le style de l'auteur.

Le savoir et l'écriture

Travaillant à quelque texte qui est bien en train, il aime avoir à chercher des compléments, des précisions, dans des livres de savoir ; s'il le pouvait, il aurait une bibliothèque exemplaire d'*usuels* (dictionnaires, encyclopédies, manuels, etc.) : que le savoir soit en cercle autour de moi, à ma disposition ; que je n'aie qu'à le *consulter* – et non à l'ingérer ; que le savoir soit tenu à sa place comme *un complément d'écriture*.

La valeur et le savoir

(À propos de Bataille :) « En somme, le savoir est retenu comme puissance, mais il est combattu comme ennui ; la valeur n'est pas ce qui méprise, relativise ou rejette le savoir, mais ce qui le désennuie, ce qui en

repose ; elle ne s'oppose pas au savoir selon une pers-
pective polémique, mais selon un sens structural ; il y
a alternance du savoir et de la valeur, repos de l'un par
l'autre, selon une sorte de *rythme amoureux*. Et voilà
en somme ce qu'est l'écriture de l'essai (nous parlons
de Bataille) : le rythme amoureux de la science et de la
valeur : hétérologie, jouissance. » (*ST*, 370, IV.)

La scène

Il a toujours vu dans la « scène » (ménagère) une
expérience pure de la violence, au point que, où qu'il
l'entende, elle lui fait toujours *peur*, comme à un gosse
paniqué par les disputes de ses parents (il la fuit toujours,
sans vergogne). Si la scène a un retentissement si grave,
c'est qu'elle montre à nu le cancer du langage. Le
langage est impuissant à fermer le langage, c'est ce que
dit la scène : les répliques s'engendrent, sans conclusion
possible, sinon celle du meurtre ; et c'est parce que la
scène est tout entière tendue vers cette dernière violence,
qu'elle n'assume cependant jamais (du moins entre gens
« civilisés »), qu'elle est une violence essentielle, une
violence qui jouit de s'entretenir : terrible et ridicule, à
la manière d'un homéostat de science-fiction.

(En passant au théâtre, la scène s'y domestique : le
théâtre la *mate*, en lui imposant de finir : un arrêt du
langage est la plus grande violence qu'on puisse faire
à la violence du langage.)

Il tolérait mal la violence. Cette disposition, quoique
vérifiée à chaque instant, lui restait assez énigmatique ;
mais il sentait que la raison de cette intolérance devait
être cherchée de ce côté-ci : la violence s'organisait
toujours en *scène* : la plus transitive des conduites
(éliminer, tuer, blesser, mater, etc.) était aussi la plus

théâtrale, et c'était en somme cette sorte de scandale sémantique à quoi il résistait (le sens ne s'oppose-t-il pas de nature à l'acte ?) ; dans toute violence, il ne pouvait s'empêcher de percevoir bizarrement un noyau littéraire : combien de scènes conjugales ne se rangent-elles pas sous le modèle d'un grand tableau de peinture : *La Femme chassée*, ou encore *La Répudiation* ? Toute violence est en somme l'illustration d'un stéréotype pathétique, et, bizarrement, c'était la manière tout à fait irréaliste dont se décore et s'encombre l'acte violent – manière grotesque et expéditive, active et figée tout à la fois – qui lui faisait éprouver pour la violence un sentiment qu'il ne connaît en aucune autre occasion : une sorte de sévérité (pure réaction de clerc, sans doute).

La science dramatisée

Il suspectait la Science et lui reprochait son *adiaphorie* (terme nietzschéen), son in-différence, les savants faisant de cette indifférence une Loi dont ils se constituaient les procureurs. La condamnation tombait cependant, chaque fois qu'il était possible de *dramatiser* la Science (de lui rendre un pouvoir de différence, un effet textuel) ; il aimait les savants chez lesquels il pouvait déceler un trouble, un tremblement, une manie, un délire, une inflexion ; il avait beaucoup profité du *Cours* de Saussure, mais Saussure lui était infiniment plus précieux depuis qu'il connaissait la folle écoute des Anagrammes ; chez beaucoup de savants il pressentait ainsi quelque faille heureuse, mais la plupart du temps, ils n'osaient aller jusqu'à en faire une œuvre : leur énonciation restait coincée, guindée, indifférente.

Ainsi, pensait-il, c'est faute d'avoir su *s'emporter*, que la science sémiologique n'avait pas trop bien tourné :

192

elle n'était souvent qu'un murmure de travaux indifférents, dont chacun indifférenciait l'objet, le texte, le corps. Comment oublier, pourtant, que la sémiologie a quelque rapport avec la passion du sens : son apocalypse et/ou son utopie ?

Le *corpus* : quelle belle idée ! À condition que l'on veuille bien lire dans le corpus le *corps* : soit que dans l'ensemble des textes retenus pour l'étude (et qui forme le corpus), on recherche, non plus seulement la structure, mais les figures de l'énonciation ; soit qu'on ait avec cet ensemble quelque rapport amoureux (faute de quoi le corpus n'est qu'un *imaginaire* scientifique).

Toujours penser à Nietzsche : nous sommes scientifiques par manque de subtilité. – J'imagine au contraire, par utopie, une science dramatique et subtile, tendue vers le renversement carnavalesque de la proposition aristotélicienne et qui oserait penser, au moins dans un éclair : *il n'y a de science que de la différence.*

Je vois le langage

J'ai une maladie : je *vois* le langage. Ce que je devrais simplement écouter, une drôle de pulsion, perverse en ce que le désir s'y trompe d'objet, me le révèle comme une « vision », analogue (toutes proportions gardées !) à celle que Scipion eut en songe des sphères musicales du monde. À la scène primitive, où j'écoute sans voir, succède une scène perverse, où j'imagine voir ce que j'écoute. L'écoute dérive en scopie : du langage, je me sens visionnaire et voyeur.

Selon une première vision, l'imaginaire est simple : c'est le discours de l'autre *en tant que je le vois* (je

L'idée aventureuse.

Toute chaude, on ne peut rien démêler encore
de sa qualité : bête ? dangereuse ? insignifiante ?
à garder ? à rejeter ? à déniaiser à protéger ?

l'entoure de guillemets). Puis, je retourne la scopie sur moi : je vois mon langage *en tant qu'il est vu* : je le vois *tout nu* (sans guillemets) : c'est le temps honteux, douloureux, de l'imaginaire. Une troisième vision se profile alors : celle des langages infiniment échelonnés, des parenthèses, jamais fermées : vision utopique en ce qu'elle suppose un lecteur mobile, pluriel, qui met et enlève les guillemets d'une façon preste : qui se met à écrire avec moi.

Sed contra

Très souvent, il part du stéréotype, de l'opinion banale *qui est en lui*. Et c'est parce qu'il n'en veut pas (par réflexe esthétique ou individualiste) qu'il cherche autre chose ; habituellement, vite fatigué, il s'arrête à la simple opinion contraire, au paradoxe, à ce qui dénie mécaniquement le préjugé (par exemple : « Il n'y a de science que du particulier »). Il entretient en somme avec le stéréotype des rapports de contrage, des rapports familiaux.

C'est une sorte de « déport » (de « sport ») intellectuel : il se porte systématiquement là où il y a solidification du langage, consistance, stéréotypie. Telle une cuisinière vigilante, il s'affaire, veille à ce que le langage ne s'épaississe pas, à ce qu'il n'*attache* pas. Ce mouvement, qui est de pure forme, rend compte des progrès et des régrès de l'œuvre : c'est une pure tactique langagière, qui se déploie *en l'air*, hors de tout horizon stratégique. Le risque, c'est que le stéréotype se déplaçant, historiquement, politiquement, il faut bien le suivre, où qu'il aille : que faire, si le stéréotype *passait à gauche* ?

La seiche et son encre

J'écris ceci jour après jour ; ça prend, ça prend : la seiche produit son encre : je ficelle mon imaginaire (pour me défendre et m'offrir tout à la fois).

Comment saurai-je que le livre est fini ? En somme, comme toujours, il s'agit d'élaborer une langue. Or, dans toute langue les signes reviennent, et à force de revenir, ils finissent par saturer le lexique – l'œuvre. Ayant débité la matière de ces fragments pendant des mois, ce qui m'arrive depuis vient se ranger spontanément (sans forcer) sous les énonciations qui ont déjà été faites : la structure se tisse peu à peu, et, en se faisant, elle aimante de plus en plus : il se construit ainsi, sans aucun plan de ma part, un répertoire fini et perpétuel, comme celui de la langue. À un certain moment, plus d'autre transformation possible que celle qui arriva au vaisseau Argo : je pourrais très longtemps garder le livre, en en changeant peu à peu chaque fragment.

Projet d'un livre sur la sexualité

Voici un jeune couple qui s'installe dans mon compartiment ; la femme est blonde, maquillée ; elle porte de grosses lunettes noires, lit *Paris-Match* ; elle a une bague à chaque doigt, et chaque ongle des deux mains est teint d'une couleur différente de ses voisins ; celui du médius, plus court, d'un carmin lourd, désigne grassement le doigt de la masturbation. De là, de l'*enchantement* où me tient ce couple, que je ne puis quitter des yeux, me vient l'idée d'un livre (ou d'un film) où il n'y aurait ainsi que des traits de sexualité seconde (rien de pornographique) ; on y saisirait (on tenterait d'y saisir) la « personnalité » sexuelle de chaque corps, qui n'est ni sa beauté, ni même son air « sexy », mais la façon dont chaque sexualité s'offre immédiatement à lire ; car la jeune blonde aux ongles grassement colorés et son jeune mari (aux fesses moulées, aux yeux doux) portaient leur sexualité de couple à la boutonnière, comme une légion d'honneur (*sexualité* et *respectabilité* relevant de la même affiche), et cette sexualité *lisible* (telle, certainement, que Michelet l'aurait lue) emplissait le compartiment, par une métonymie irrésistible, bien plus sûrement qu'une suite de coquetteries.

Le sexy

Différent de la sexualité seconde, le *sexy* d'un corps (qui n'est pas sa beauté) tient à ce qu'il soit possible de marquer (de fantasmer) en lui la pratique amoureuse à laquelle on le soumet en pensée (j'ai l'idée de celle-ci précisément, et non de telle autre). De même, distinguées dans le texte, on dirait qu'il y a des phrases *sexy* : des phrases troublantes par leur isolement même, comme si elles détenaient la promesse qui nous est faite à nous, lecteurs, d'une pratique langagière, comme si nous allions les chercher en vertu d'une jouissance *qui sait ce qu'elle veut*.

Fin heureuse de la sexualité ?

Les Chinois : tout le monde demande (et moi tout le premier) : mais où donc est leur sexualité ? – Une vague idée de ceci (plutôt une imagination), mais si elle était vraie, ce serait une révision de tout un discours antérieur : dans le film d'Antonioni, on voit des visiteurs populaires regarder, dans un musée, une maquette qui représente une scène barbare de l'ancienne Chine : une bande de soldats est en train d'expolier une pauvre famille paysanne ; les expressions sont brutales ou douloureuses ; la maquette est grande, très éclairée, les corps sont à la fois figés (dans la luisance d'un musée de cire) et révulsés, portés à une sorte de paroxysme tout en même temps charnel et sémantique ; on pense aux sculptures véristes des Christs espagnols, dont la crudité révoltait tant Renan (il est vrai qu'il l'imputait aux jésuites). Or cette scène m'apparaît tout d'un coup, très exactement : *sur-sexualisée*, à la manière d'un tableau sadien. Et j'imagine alors (mais ce n'est qu'une imagination) que la sexualité, *telle que nous la parlons*, *et en tant que nous la parlons*, est un produit de l'oppression sociale, de la mauvaise histoire des hommes : un effet de civilisation, en somme. Dès lors il se pourrait que la sexualité, *notre* sexualité, fût exemptée, périmée, annulée, *sans refoulement*, par la libération sociale : évanoui le Phallus ! C'est nous qui, à la façon des anciens païens, en ferions un petit dieu. Le matérialisme ne passerait-il pas par une certaine *distance* sexuelle, la chute *mate* de la sexualité hors du discours, hors de la science ?

Le shifter comme utopie

Il reçoit une carte lointaine d'un ami : « *Lundi. Je rentre demain. Jean-Louis.* »

Tel Jourdain et sa prose fameuse (scène au demeurant assez poujadiste), il s'émerveille de découvrir dans un énoncé aussi simple la trace des opérateurs doubles, analysés par Jakobson. Car si Jean-Louis sait parfaitement qui il est et quel jour il écrit, son message, parvenu jusqu'à moi, est tout à fait incertain : *quel lundi ? quel Jean-Louis ?* Comment le saurais-je, moi qui, *de mon point de vue*, dois instantanément choisir entre plusieurs Jean-Louis et plusieurs lundis ? Quoique codé, pour ne parler que du plus connu de ces opérateurs, le *shifter* apparaît ainsi comme un moyen retors – fourni par la langue elle-même – de rompre la communication : je parle (voyez ma maîtrise du code) mais je m'enveloppe dans la brume d'une situation énonciatrice qui vous est inconnue ; je ménage dans mon discours des *fuites d'interlocution* (ne serait-ce pas, finalement, toujours ce qui se passe lorsque nous utilisons le shifter par excellence, le pronom « *je* » ?). De là, il imagine les shifters (appelons ainsi, par extension, tous les opérateurs d'incertitude formés *à même la langue* : *je, ici, maintenant, demain, lundi, Jean-Louis*) comme autant de subversions sociales, concédées par la langue, mais combattues par la société, à laquelle ces fuites de subjectivité font peur et qu'elle colmate toujours en imposant de réduire la duplicité de l'opérateur *(lundi, Jean-Louis)*, par le repère « objectif » d'une date *(lundi 12 mars)* ou d'un patronyme *(Jean-Louis B.)*. Imagine-t-on la liberté et si l'on peut dire la fluidité amoureuse d'une collectivité qui ne parlerait que par prénoms et par shifters, chacun ne disant jamais que *je, demain, là-bas*, sans référer à quoi que ce soit de légal, et où le *flou de la différence* (seule manière d'en respecter la subtilité, la répercussion infinie) serait la valeur la plus précieuse de la langue ?

Dans la signification, trois choses

Dans la signification, telle qu'on la conçoit depuis les stoïciens, il y a trois choses : le signifiant, le signifié et le référent. Mais maintenant, si j'imagine une linguistique de la valeur (cependant comment l'édifier en restant soi-même en dehors de la valeur, comment l'édifier « scientifiquement », « linguistiquement » ?), ces trois choses qui sont dans la signification ne sont plus les mêmes ; l'une est connue, c'est le procès de signification, domaine ordinaire de la linguistique classique, qui s'y arrête, s'y tient et défend qu'on en sorte, mais les autres le sont moins. Ce sont la *notification* (j'assène mon message et j'assigne mon auditeur) et la *signature* (je m'affiche, je ne puis éviter de m'afficher). Par cette analyse, on ne ferait que déplier l'étymologie du verbe « signifier » : fabriquer un signe, faire signe (à quelqu'un), se réduire imaginairement à son propre signe, se sublimer en lui.

Une philosophie simpliste

On dirait souvent qu'il voit la socialité d'une façon simpliste : comme un immense et perpétuel frottement de langages (discours, fictions, imaginaires, raisons, systèmes, sciences) et de désirs (pulsions, blessures, ressentiments, etc.). Que devient donc le « réel » dans cette philosophie ? Il n'est pas nié (souvent même invoqué, à titre progressiste), mais renvoyé, en somme, à une sorte de « technique », de rationalité empirique, objet de « recettes », de « remèdes », de « dénouements » (*si l'on agit ainsi, on produit cela ; pour éviter ceci, faisons raisonnablement cela ; attendons, laissons la chose se transformer*, etc.). Philosophie à écart maximal : délirante lorsqu'il s'agit du langage, empirique (et « progressiste ») lorsqu'il s'agit du « réel ».

(Toujours ce refus français de l'hégélianisme.)

Singe entre les singes

Acosta, gentilhomme portugais d'origine juive, est exilé à Amsterdam ; il adhère à la Synagogue ; puis il la critique, est excommunié par les rabbins ; il devrait alors logiquement se séparer de la communion hébraïque, mais il conclut différemment : « Pourquoi m'obstinerais-je à en demeurer séparé toute ma vie avec tant d'incommodités, moi qui suis dans un pays étranger dont je n'entends point la langue ? *Ne vaut-il pas bien mieux faire le singe entre les singes ?* » (Pierre Bayle, *Dictionnaire historique et critique.*)

Lorsque aucune langue connue n'est à votre disposition, il faut bien se résoudre à *voler un langage* – comme on volait autrefois un pain. (Tous ceux – légion – qui sont hors du Pouvoir, sont contraints au vol de langage.)

La division sociale

Les divisions du rapport social existent bien, elles sont réelles, il ne le nie pas et écoute avec confiance tous ceux (fort nombreux) qui en parlent ; mais à ses yeux, et parce que sans doute il fétichise quelque peu le langage, ces divisions réelles s'absorbent dans leur forme interlocutive : c'est l'interlocution qui est divisée, aliénée : il vit ainsi tout le rapport social en termes de langage.

Moi, je

Un étudiant américain (ou positiviste, ou contestataire : je ne puis démêler) identifie, comme si cela allait de soi, *subjectivité* et *narcissisme* ; il pense sans doute que la subjectivité consiste à parler de soi, et à en dire du bien. C'est qu'il est victime d'un vieux couple, d'un vieux paradigme : *subjectivité/objectivité.* Cependant, aujourd'hui, le sujet se prend *ailleurs*, et la « subjectivité » peut revenir à une autre place de la spirale :

déconstruite, désunie, déportée, sans ancrage : pourquoi ne parlerais-je pas de « moi », puisque « moi » n'est plus « soi » ?

Pronoms dits personnels : tout se joue ici, je suis enfermé à jamais dans la lice pronominale : « je » mobilise l'imaginaire, « vous » et « il », la paranoïa. Mais aussi, fugitivement, selon le lecteur, tout, comme les reflets d'une moire, peut se retourner : dans « moi, je », « je » peut n'être pas *moi*, qu'il casse d'une façon carnavalesque ; je puis me dire « vous », comme Sade le faisait, pour détacher en moi l'ouvrier, le fabricant, le producteur d'écriture, du sujet de l'œuvre (l'Auteur) ; d'un autre côté, ne pas parler de soi peut vouloir dire : *je suis Celui qui ne parle pas de lui* ; et parler de soi en disant « il », peut vouloir dire : je parle de moi *comme d'un peu mort*, pris dans une légère brume d'emphase paranoïaque, ou encore : je parle de moi à la façon de l'acteur brechtien qui doit distancer son personnage : le « montrer », non l'incarner, et donner à son débit comme une chiquenaude dont l'effet est de décoller le pronom de son nom, l'image de son support, l'imaginaire de son miroir (Brecht recommandait à l'acteur de penser tout son rôle à la troisième personne).

Affinité possible de la paranoïa et de la distanciation, par le relais du récit : le « il » est épique. Cela veut dire : « il » est méchant : c'est le mot le plus méchant de la langue : pronom de la non-personne, il annule et mortifie son référent ; on ne peut l'appliquer sans malaise à qui l'on aime ; disant de quelqu'un « il », j'ai toujours en vue une sorte de meurtre par le langage, dont la scène entière, parfois somptueuse, cérémonielle, est le *potin*.

Et quelquefois, dérision de tout ceci, « il » cède la place au « je » sous le simple effet d'un embarras syntaxique :

car dans une phrase un peu longue, « il » peut renvoyer sans prévenir à bien d'autres référents que moi.

Voici une suite de propositions démodées (si elles n'étaient contradictoires) : *je ne serais rien si je n'écrivais pas. Cependant je suis ailleurs que là où j'écris. Je vaux mieux que ce que j'écris.*

Un mauvais sujet politique

L'esthétique étant l'art de voir les formes se détacher des causes et des buts et constituer un système suffisant de valeurs, quoi de plus contraire à la politique ? Or il ne pouvait se débarrasser du réflexe esthétique, il ne pouvait s'empêcher de *voir* dans une conduite politique qu'il approuvait, la forme (la consistance formelle) qu'elle prenait et qu'il trouvait, le cas échéant, hideuse ou ridicule. Ainsi, tout particulièrement intolérant au chantage (pour quelle raison profonde ?), c'était surtout le chantage qu'il voyait dans la politique des États. Par un sentiment esthétique encore plus déplacé, les prises d'otages se multipliant, toujours sous la même forme, il en venait à se dégoûter du caractère mécanique de ces opérations : elles tombaient dans le discrédit de toute répétition : *encore une ! la barbe !* C'était comme la rengaine d'une bonne chanson, comme le tic facial d'une belle personne. Ainsi, à cause d'une disposition perverse à *voir* les formes, les langages et les répétitions, il devenait insensiblement un *mauvais sujet politique.*

La surdétermination

Ahmad Al Tîfâchî (1184-1253), auteur des *Délices des cœurs*, décrit ainsi le baiser d'un prostitué : il enfonce et tourne sa langue dans votre bouche avec obstination. On prendra ceci pour la démonstration d'une conduite *surdéterminée* ; car de cette pratique érotique, apparemment peu conforme à son statut professionnel, le prostitué d'Al Tîfâchî tire un triple profit : il montre sa science de l'amour, sauvegarde l'image de sa virilité et cependant compromet peu son corps, dont, par cet assaut, il refuse l'intérieur. Où est le thème principal ? C'est un sujet, non pas compliqué (comme dit avec agacement l'opinion courante), mais *composé* (comme aurait dit Fourier).

La surdité à son propre langage

Ce qu'il écoutait, ce qu'il ne pouvait s'empêcher d'écouter, où qu'il fût, c'était la surdité des autres à leur propre langage : il les entendait ne pas s'entendre. Mais lui-même ? N'entendait-il jamais sa propre surdité ? Il luttait pour s'entendre, mais ne produisait dans cet effort qu'une autre scène sonore, une autre fiction. De là à se confier à l'écriture : n'est-elle pas ce langage qui a renoncé à produire *la dernière réplique*, vit et respire de s'en remettre à l'autre pour que lui vous entende ?

La symbolique d'État

J'écris ceci, samedi 6 avril 1974, jour de deuil national à la mémoire de Pompidou. Toute la journée, à la radio, de la « bonne musique » (pour mes oreilles) : du Bach, du Mozart, du Brahms, du Schubert. La « bonne musique » est donc une musique funèbre : une métonymie officielle unit la mort, la spiritualité et la musique de classe (les jours de grève, on ne joue que de la « mauvaise musique »). Ma voisine, qui, d'ordinaire, écoute de

L'espace du séminaire est phalanstérien, c'est-
à-dire, en un sens, romanesque. C'est seulement
l'espace de circulation des désirs subtils, des désirs
mobiles; c'est, sans l'artifice d'une socialité
dont la consistance est miraculeusement exténuée,
selon un mot de Nietzsche : "l'enchevêtrement des
rapports amoureux".

la musique pop, aujourd'hui ne fait pas marcher son poste. Nous sommes ainsi tous les deux exclus de la symbolique d'État : elle parce qu'elle n'en supporte pas le signifiant (la « bonne musique »), moi parce que je n'en supporte pas le signifié (la mort de Pompidou). Cette double amputation ne fait-elle pas de la musique ainsi manipulée un discours oppressif ?

Le texte symptomal

Comment dois-je faire pour que chacun de ces fragments ne soit jamais qu'un *symptôme* ? – C'est facile : laissez-vous aller, *régressez*.

Système/systématique

Le propre du réel ne serait-il pas d'être *immaîtrisable* ? Et le propre du système ne serait-il pas de le *maîtriser* ? Que peut donc faire, face au réel, celui qui refuse la maîtrise ? Éconduire le système comme appareil, accepter le systématique comme écriture (Fourier le fit, *SFL*, 785, III).

Tactique/stratégie

Le mouvement de son œuvre est tactique : il s'agit de se déplacer, de barrer, comme aux barres, mais non de conquérir. Exemples : la notion d'intertexte ? Elle n'a au fond aucune positivité ; elle sert à combattre la loi du contexte (*1971*, II) ; le *constat* est donné à un certain moment comme une valeur, mais ce n'est nullement par exaltation de l'objectivité, c'est pour faire barrage contre l'expressivité de l'art bourgeois ; l'ambiguïté de l'œuvre (*CV*, 786, II) ne vient nullement du *New Criti-cism* et ne l'intéresse pas en soi ; ce n'est qu'une petite machine de guerre contre la loi philologique, la tyrannie universitaire du sens droit. Cette œuvre se définirait donc comme : *une tactique sans stratégie*.

Plus tard

Il a cette manie de donner des « introductions », des « esquis-ses », des « éléments », en remettant à plus tard le « vrai » livre. Cette manie a un nom rhétorique : c'est la *prolepse* (bien étudiée par Genette).

Voici quelques-uns de ces livres annoncés : une Histoire de l'écriture (*DZ*, 181, I), une Histoire de la rhétorique (*1970*, II), une Histoire de l'étymologie (*1973*), une Stylistique nouvelle (*S/Z*, 202, III), une Esthétique du plaisir textuel (*PlT*, 260, IV), une nouvelle science linguistique (*PlT*, 261, IV), une Linguistique de la valeur (*ST*, 376, IV), un Inventaire des discours d'amour (*S/Z*, 267, III), une Fiction fondée sur l'idée d'un Robinson urbain (*1971*, I), une Somme sur la petite-bourgeoisie (*1971*, II), un livre sur la France, intitulé – à la manière de Michelet – *Notre France* (*1971*, II), etc.

Ces annonces, visant la plupart du temps un livre sommatif, démesuré, parodique du grand monument de savoir, ne peuvent être que de simples actes de discours (ce sont bien des prolepses) ; elles appartiennent à la catégorie du dilatoire. Mais le dilatoire, dénégation du réel (du réalisable), n'en est pas moins vivant : ces projets vivent, ils ne sont jamais abandonnés ; suspendus, ils peuvent reprendre vie à tout instant ; ou tout au moins, telle la trace persistante d'une obses-sion, ils s'accomplissent, partiellement, indirectement, *comme gestes*, à travers des thèmes, des fragments, des articles : l'Histoire de l'écriture (postulée en 1953) engendre vingt ans plus tard l'idée d'un séminaire sur une histoire du discours français ; la Linguistique de la valeur oriente, de son lointain, ce livre-ci. *La montagne accouche d'une souris ?* Il faut retourner positivement ce proverbe dédaigneux : la montagne n'est pas de trop pour faire une souris.

Fourier ne donne jamais ses livres que pour les annonces du Livre parfait qu'il va publier plus tard (parfaitement clair, parfaitement persuasif, parfaitement complexe). L'Annonciation du Livre (le *Prospectus*) est l'une de ces manœuvres dilatoires qui règlent notre utopie interne. J'imagine, je fantasme, je colorie et je lustre le grand livre dont je suis incapable : c'est un livre de savoir et d'écriture, à la fois système parfait et dérision de tout système, une somme d'intelligence et de plaisir, un livre vengeur et tendre, corrosif et paisible, etc. (ici, déferlement d'adjectifs, bouffée d'imaginaire) ; bref, il a toutes les qualités d'un héros de roman : il est celui qui vient (l'aventure), et ce livre, me faisant le Jean-Baptiste de moi-même, je l'annonce.

Si, souvent, il prévoit des livres à faire (qu'il ne fait pas), c'est qu'il remet à plus tard ce qui l'ennuie. Ou plutôt il veut écrire *tout de suite* ce qu'il lui plaît d'écrire, et pas autre chose. Dans Michelet, ce qui lui fait envie de réécrire, ce sont les thèmes charnels, le café, le sang, l'agave, le blé, etc. ; on se construira donc une critique thématique, mais pour ne pas la risquer théoriquement contre une autre école – historique, biographique, etc. –, car le fantasme est trop égoïste pour être polémique, on déclare qu'il ne s'agit que d'une *pré-critique*, et que la « vraie » critique (qui est celle des autres) viendra plus tard.

Étant sans cesse à court de temps (ou vous imaginant l'être), pris sous les échéances, les retards, vous vous entêtez à croire que vous allez vous en sortir en mettant de l'ordre dans ce que vous avez à faire. Vous faites des programmes, des plans, des calendriers, des échéanciers. Sur votre table et dans vos fichiers, combien de listes d'articles, de livres, de séminaires, de courses à faire, de téléphones à donner. Ces paperolles, en fait, vous ne les consultez jamais, étant donné qu'une conscience angoissée vous a pourvu d'une excellente mémoire de vos obligations. Mais c'est irrépressible : vous allongez le temps qui vous manque, de l'inscription même de ce manque. Appelons ceci *la compulsion de programme* (on en devine le caractère hypomaniaque) ; les États, les collectivités, apparemment, n'en sont pas exempts : combien de temps perdu *à faire des programmes* ? Et comme je prévois de faire un article là-dessus, l'idée de programme devient elle-même une compulsion de programme.

Renversons maintenant tout ceci : ces manœuvres dilatoires, ces redans du projet, c'est peut-être l'écriture elle-même. D'abord, l'œuvre n'est jamais que le méta-livre (le commentaire prévisionnel) d'une œuvre à venir, qui, *ne se faisant pas*, devient cette œuvre-ci : Proust, Fourier n'ont écrit que des « Prospectus ». Ensuite, l'œuvre n'est jamais monumentale : c'est une *proposition* que chacun viendra saturer comme il voudra, comme il pourra : je vous passe une matière sémantique à courir, comme le furet. Enfin, l'œuvre est une *répétition* (de théâtre), et cette répétition, comme dans un film de Rivette, est verbeuse, infinie, entrecoupée de commentaires, d'excursus, tressée d'autre chose. En un mot, l'œuvre est un échelonnement ; son être est le *degré* : un escalier qui ne s'arrête pas.

Tel Quel

Ses amis de *Tel Quel* : leur originalité, leur *vérité* (outre l'énergie intellectuelle, le génie d'écriture) tiennent à ce qu'ils acceptent de parler un langage commun, général, incorporel, à savoir le langage politique, *cependant que chacun d'eux le parle avec son propre corps.* – Eh bien, pourquoi n'en faites-vous pas autant ? – C'est précisément, sans doute, que je n'ai pas le même corps qu'eux ; mon corps ne peut se faire à la *généralité*, à la puissance de généralité qui est dans le langage. – N'est-ce pas là une vue individualiste ? Ne la trouve-t-on pas chez un chrétien – antihégélien notoire – tel que Kierkegaard ?

Le corps, c'est la différence irréductible, et c'est en même temps le principe de toute structuration (puisque la structuration, c'est l'Unique de la structure, *1969*, I). Si j'arrivais à parler politique *avec mon propre corps*, je ferais de la plus plate des structures (discursives) une structuration ; avec de la répétition, je produirais du Texte. Le problème est de savoir si l'appareil politique reconnaîtrait longtemps cette manière d'échapper à la banalité militante en y enfouissant, vivant, pulsionnel, jouisseur, mon propre corps unique.

Le temps qu'il fait

Ce matin la boulangère me dit : *il fait encore beau ! mais chaud trop longtemps !* (les gens d'ici trouvent toujours qu'il fait trop beau, trop chaud). J'ajoute : *et la lumière est si belle !* Mais la boulangère ne répond pas, et une fois de plus j'observe ce court-circuit du langage, dont les conversations les plus futiles sont l'occasion sûre ; je comprends que *voir la lumière* relève d'une sensibilité de classe ; ou plutôt, puisqu'il y a des lumières « pittoresques » qui sont certainement goûtées par la boulangère, ce qui est socialement marqué, c'est la vue « vague », la vue sans contours, sans objet, *sans figuration*, la vue d'une transparence, la vue d'une non-vue (cette valeur infigurative qu'il y a dans la bonne peinture et qu'il n'y a pas dans la mauvaise). En somme, rien de plus culturel que l'atmosphère, rien de plus idéologique que le temps qu'il fait.

Terre promise

Il avait le regret de ne pouvoir embrasser à la fois toutes les avant-gardes, atteindre toutes les marges, d'être limité, en retrait, trop sage, etc. ; et son regret ne pouvait s'éclairer d'aucune analyse sûre : à quoi résistait-il au juste ? Qu'est-ce qu'il refusait (ou plus superficiellement encore : qu'est-ce qu'il *boudait*) ici ou là ? Un style ? Une arrogance ? Une violence ? Une imbécillité ?

Ma tête s'embrouille

Sur tel travail, sur tel sujet (ordinairement ceux dont on fait des dissertations), sur tel jour de la vie, il voudrait pouvoir mettre comme devise ce mot de commère : *ma tête s'embrouille* (imaginons une langue où le jeu des catégories grammaticales obligerait parfois le sujet à s'énoncer sous les espèces d'une vieille femme).

Et cependant : *au niveau de son corps*, sa tête ne s'embrouille jamais. C'en est une malédiction : aucun état flou, perdu, second : toujours la conscience : exclu de la drogue et cependant la rêvant : rêvant de pouvoir s'enivrer (au lieu d'être tout de suite malade) ; escomptant autrefois d'une opération chirurgicale au moins une fois dans sa vie une *absence*, qui lui fut refusée, faute d'une anesthésie générale ; retrouvant tous les matins, au petit réveil, une tête qui tourne un peu, mais dont l'intérieur reste fixe (parfois, m'endormant sur un souci, dans la primeur du réveil il a disparu : minute blanche, miraculeusement privée de sens ; mais le souci fond sur moi, comme un rapace, et je me retrouve tout entier, *comme j'étais hier*).

Il a parfois envie de laisser reposer tout ce langage qui est dans sa tête, dans son travail, dans les autres, comme si le langage était lui-même un membre fatigué du corps humain ; il lui semble que s'il se reposait du langage, il se reposerait tout entier, par congé donné aux crises, aux retentissements, aux exaltations, aux blessures, aux raisons, etc. Il voit le langage sous la figure d'une vieille femme fatiguée (quelque chose comme une antique femme de ménage aux mains usées), qui soupire après une certaine *retraite*...

Le théâtre

Au carrefour de toute l'œuvre, peut-être le Théâtre : il n'y a aucun de ses textes, en fait, qui ne traite d'un certain théâtre, et le spectacle est la catégorie universelle sous les espèces de laquelle le monde est vu. Le théâtre tient à tous les thèmes apparemment spéciaux qui passent et reviennent dans ce qu'il écrit : la connotation, l'hystérie, la fiction, l'imaginaire, la scène, la vénusté, le tableau, l'Orient, la violence, l'idéologie (que Bacon appelait un « fantôme de théâtre »). Ce qui l'a attiré, c'est moins le signe que le signal, l'affiche : la science qu'il désirait, ce n'était pas une sémiologie, c'était une *signalétique*.

Ne croyant pas à la séparation de l'affect et du signe, de l'émotion et de son théâtre, il ne pouvait *exprimer* une admiration, une indignation, un amour, par peur de le signifier mal. Aussi, plus il était ému, plus il était terne. Sa « sérénité » n'était que la contrainte d'un acteur qui n'ose entrer en scène par crainte de trop mal jouer.

Incapable de se rendre lui-même convaincant, c'est cependant la conviction même de l'autre qui en fait à ses yeux un être de théâtre et le fascine. Il demande à l'acteur de lui montrer un corps convaincu, plutôt qu'une passion vraie. Voici peut-être la meilleure scène de théâtre qu'il a vue : dans le wagon-restaurant belge, des employés (douane, police) se sont attablés dans un coin ; ils ont mangé avec tant d'appétit, de confort et de soin (choisissant les épices, les morceaux, les couverts appropriés, préférant d'un coup d'œil sûr le steak au vieux poulet fade), avec des manières si bien appliquées à la nourriture (nettoyant soigneusement leur poisson de la douteuse sauce gribiche, tapotant leur yaourt pour en soulever la capsule, grattant leur fromage au lieu de le peler, se servant de leur couteau à pomme comme d'un scalp), que tout le service Cook s'en est trouvé subverti : ils ont mangé la même chose que nous, mais ce n'était pas le même menu. Tout avait donc changé, d'un bout du wagon à l'autre, par le seul effet d'une *conviction* (rapport du corps, non à la passion ou à l'âme, mais à la jouissance).

Le thème

La critique thématique a pris, ces dernières années, un coup de discrédit. Pourtant, il ne faut pas lâcher cette idée critique trop tôt. Le thème est une notion utile pour désigner ce lieu du discours où le corps s'avance *sous sa propre responsabilité*, et par là même déjoue le signe : le « rugueux », par exemple, n'est ni signifiant ni signifié, ou tous les deux à la fois : il fixe ici et en même temps renvoie plus loin. Pour faire du thème un concept structural, il suffirait d'un léger délire étymologique : comme les unités structurales sont ici et là des « morphèmes », des « phonèmes », des « monèmes », des « gustèmes », des « vestèmes », des « érotèmes », des « biographèmes », etc., imaginons, selon la même consonance, que le « thème » est l'unité structurale de la thèse (le discours idéel) : ce qui est posé, découpé, avancé par l'énonciation et reste comme *la disponibilité du sens* (avant d'en être, parfois, le fossile).

Conversion de la valeur en théorie

Conversion de la Valeur en Théorie (distrait, je lis sur ma fiche : « convulsion », mais c'est bien) : on dira, parodiant Chomsky, que toute Valeur est *réécrite* (→) en Théorie. Cette conversion – cette convulsion – est une énergie (un *énergon*) : le discours se produit par cette traduction, ce déplacement imaginaire, cette création d'alibi. Originée en valeur (ce qui ne veut pas dire qu'elle en soit moins fondée), la théorie devient un objet intellectuel, et cet objet est pris dans une plus grande circulation (il rencontre un autre *imaginaire* du lecteur).

La maxime

Il rôde dans ce livre un ton d'aphorisme *(nous, on, toujours)*. Or la maxime est compromise dans une idée essentialiste de la nature humaine, elle est liée à l'idéologie classique : c'est la plus arrogante (souvent la plus bête) des formes de langage. Pourquoi donc ne pas la rejeter ? La raison en est, comme toujours, émotive : j'écris des maximes (ou j'en esquisse le mouvement) *pour me rassurer* : lorsqu'un trouble survient, je l'atténue en m'en remettant à une fixité qui me dépasse : « *au fond, c'est toujours comme ça* » : et la maxime est née. La maxime est une sorte de *phrase-nom*, et nommer, c'est apaiser. Ceci est au reste encore une maxime : elle atténue ma peur de paraître déplacé en écrivant des maximes.

(Téléphone de X. : me raconte ses vacances, mais ne m'interroge nullement sur les miennes, comme si je n'avais pas bougé de place depuis deux mois. Je n'y vois aucune indifférence ; plutôt la démonstration d'une défense : *là où je n'étais pas, le monde est resté immobile* : grande sécurité. C'est de cette façon que l'immobilité de la maxime rassure les organisations affolées.)

Le monstre de la totalité

« Qu'on imagine (s'il est possible) une femme couverte d'un vêtement sans fin, lui-même tissé de tout ce que dit le journal de Mode... » (*SM*, 943, II.) Cette imagination, apparemment méthodique, puisqu'elle ne fait que mettre en œuvre une notion opératoire de l'analyse sémantique (« le texte sans fin »), vise en douce à dénoncer le monstre de la Totalité (la Totalité comme monstre). La Totalité tout à la fois fait rire et fait peur : comme la violence, ne serait-elle pas toujours *grotesque* (et récupérable alors seulement dans une esthétique du Carnaval) ?

Autre discours : ce 6 août, à la campagne, c'est le matin d'un jour splendide : soleil, chaleur, fleurs, silence, calme,

rayonnement. Rien ne rôde, ni le désir ni l'agression ;
seul le travail est là, devant moi, comme une sorte d'être
universel : tout est plein. Ce serait donc cela, la Nature ?
Une absence... du reste ? La *Totalité* ?

6 août 1973 – 3 septembre 1974

Écrire le corps.

*Ni la peau, ni les muscles, ni les os, ni les nerfs, mais
le reste : un ça balourd, fibreux, pelucheux, effiloché,
la houppelande d'un clown.*

Pl. IX.

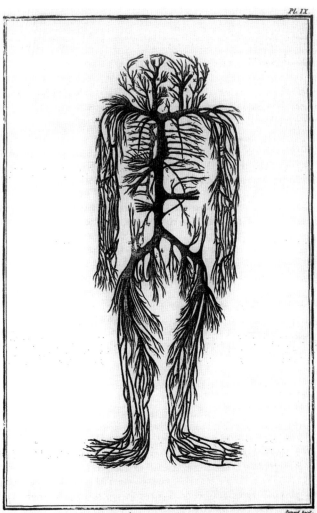

Anatomie.

Benard Fecit.

Biographie*

12 nov. 1915   Né à Cherbourg, de Louis Barthes, enseigne de vaisseau, et de Henriette Binger.

26 oct. 1916   Mort de Louis Barthes, dans un combat naval, en mer du Nord.

1916-1924   Enfance à Bayonne. Petites classes au lycée de cette ville.

1924   Installation à Paris, rue Mazarine et rue Jacques-Callot. Dès lors, toutes les vacances scolaires à Bayonne, chez les grands-parents Barthes.

1924-1930   Au lycée Montaigne, de la 8ᵉ à la 4ᵉ.

1930-1934   Au lycée Louis-le-Grand, de la 3ᵉ à la Philo. Baccalauréats : 1933 et 1934.

10 mai 1934   Hémoptysie. Lésion du poumon gauche.

1934-1935   En cure libre dans les Pyrénées, à Bedous, dans la vallée d'Aspe.

1935-1939   Sorbonne : licence de lettres classiques. – Fondation du Groupe de théâtre antique.

1937   Exempté du service militaire. – Lecteur pendant l'été à Debreczen (Hongrie).

1938   Voyage en Grèce avec le Groupe de théâtre antique.

1939-1940   Professeur de 4ᵉ et 3ᵉ (délégué rectoral) au nouveau lycée de Biarritz.

1940-1941   Délégué rectoral (répétiteur et professeur) aux lycées Voltaire et Carnot, à Paris. –

---

* Une biographie détaillée est donnée dans « Réponses », *Tel Quel*, 47, 1971.

	Diplôme d'études supérieures (sur la tragédie grecque).
octobre 1941	Rechute de tuberculose pulmonaire.
1942	Premier séjour au Sanatorium des étudiants, à Saint-Hilaire-du-Touvet, dans l'Isère.
1943	Convalescence à la Post-Cure de la rue Quatrefages, à Paris. – Dernier certificat de licence (grammaire et philologie).
juillet 1943	Rechute au poumon droit.
1943-1945	Second séjour au Sanatorium des étudiants. Cure de silence, cure de déclive, etc. En sana, quelques mois de PCB, dans l'intention de faire la médecine psychiatrique. Pendant la cure, rechute.
1945-1946	Suite de la cure à Leysin, à la clinique Alexandre, dépendante du Sanatorium universitaire suisse.
octobre 1945	Pneumothorax extra-pleural droit.
1946-1947	En convalescence à Paris.
1948-1949	Aide-bibliothécaire, puis professeur à l'Institut français de Bucarest et lecteur à l'université de cette ville.
1949-1950	Lecteur à l'université d'Alexandrie (Égypte).
1950-1952	À la Direction générale des Relations culturelles, service de l'Enseignement.
1952-1954	Stagiaire de recherches au CNRS (lexicologie).
1954-1955	Conseiller littéraire aux éditions de l'Arche.
1955-1959	Attaché de recherches au CNRS (sociologie).
1960-1962	Chef de travaux à la VIe section de l'École pratique des hautes études, Sciences économiques et sociales.
1962	Directeur d'études à l'École pratique des hautes études (« Sociologie des signes, symboles et représentations »).

(Une vie : études, maladies, nominations. Et le reste ? Les rencontres, les amitiés, les amours, les voyages, les lectures, les plaisirs, les peurs, les croyances, les jouissances, les bonheurs, les indignations, les détresses : en un mot : les retentissements ? – Dans le texte – mais non dans l'œuvre.)

Bibliographie 1942-1974

LIVRES

Le Degré zéro de l'écriture, Paris, Éd. du Seuil, « Pierres vives », 1953. – En livre de poche, avec les *Éléments de sémiologie*, Paris, Gonthier, « Médiations », 1965 ; avec les *Nouveaux essais critiques*, Paris, Éd. du Seuil, « Points », 1972. – Traductions en allemand, italien, suédois, anglais, espagnol, tchèque, néerlandais, japonais, portugais, catalan.

Michelet par lui-même, Paris, Éd. du Seuil, « Écrivains de toujours », 1954.

Mythologies, Paris, Éd. du Seuil, « Pierres vives », 1957. – En livre de poche, Paris, Éd. du Seuil, « Points », 1970, avec un avant-propos nouveau. – Traductions en italien, allemand, polonais, anglais, portugais.

Sur Racine, Paris, Éd. du Seuil, « Pierres vives », 1963. – Traductions en anglais, italien, roumain.

Essais critiques, Paris, Éd. du Seuil, « Tel Quel », 1964. 6ᵉ édition avec un avant-propos nouveau. Traductions en italien, suédois, espagnol, allemand, serbe, japonais, anglais.

Éléments de sémiologie, en livre de poche avec *Le Degré zéro de l'écriture*, Paris, Gonthier, 1965. – Traductions en italien, anglais, tchèque, néerlandais, espagnol, portugais.

Critique et vérité, Paris, Éd. du Seuil, « Tel Quel », 1966. – Traductions en italien, allemand, catalan, portugais, espagnol.

Système de la Mode, Paris, Éd. du Seuil, 1967. – Traduction en italien.

S/Z, Paris, Éd. du Seuil, « Tel Quel », 1970. – Traductions en italien, japonais, anglais.

L'Empire des signes, Genève, Skira, « Sentiers de la création », 1970.

Sade, Fourier, Loyola, Paris, Éd. du Seuil, « Tel Quel », 1971. – Traduction en allemand.

La Retorica antiqua, Milan, Bompiani, 1973 (version française dans : *Communications*, 16, 1970).

Nouveaux essais critiques, en livre de poche avec *Le Degré zéro de l'écriture*, Paris, Éd. du Seuil, « Points », 1972.

Le Plaisir du texte, Paris, Éd. du Seuil, « Tel Quel », 1973. – Traduction en allemand.

Préfaces, contributions, articles *

1942   « Notes sur André Gide et son Journal », *Existences* (revue du Sanatorium des étudiants de France, Saint-Hilaire-du-Touvet).

1944   « En Grèce », *Existences*.

       « Réflexions sur le style de *L'Étranger* », *Existences*.

1953   « Pouvoirs de la tragédie antique », *Théâtre populaire*, 2.

1954   « Pré-romans », *France-Observateur*, 24 juin 1954.

       « Théâtre capital » (sur Brecht), *France-Observateur*, 8 juillet 1954.

1955   « Nekrassov juge de sa critique », *Théâtre populaire*, 14.

1956   « À l'avant-garde de quel théâtre ? », *Théâtre populaire*, 18.

       « *Aujourd'hui ou les Coréens*, de Michel Vinaver », *France-Observateur*, 1er novembre 1956.

---

* Il s'agit d'un choix. On peut trouver une bibliographie complète des articles, arrêtée à la fin de 1973, dans: Stephen Heath, *Vertige du déplacement, lecture de Barthes*, Fayard, « Digraphe », 1974.

1960 « Le problème de la signification au cinéma » et « Les unités traumatiques au cinéma », *Revue internationale de filmologie*, x, 32-33-34.

1961 « Pour une psychosociologie de l'alimentation contemporaine », *Annales*, 5. « Le message photographique », *Communications*, I.

1962 « A propos de deux ouvrages de Cl. Lévi-Strauss : sociologie et socio-logique », *Information sur les sciences sociales*, 1, 4.

1964 « La tour Eiffel », in *La Tour Eiffel* (images d'André Martin), Paris, Delpire, « Le génie du lieu », 1964.

« Rhétorique de l'image », *Communications*, 4.

1965 « Le théâtre grec », in *Histoire des spectacles*, Paris, Gallimard, « Encyclopédie de la Pléiade », p. 513-536.

1966 « Les vies parallèles » (sur le *Proust* de G. Painter), *La Quinzaine littéraire*, 15 mars 1966.

« Introduction à l'analyse structurale des récits », *Communications*, 8.

1967 Préface à *Verdure* d'Antoine Gallien, Paris, Éd. du Seuil, « Écrire », 1967.

« Plaisir au langage » (sur Severo Sarduy), *La Quinzaine littéraire*, 15 mai 1967.

1968 « Drame, poème, roman » (sur *Drame* de Ph. Sollers), in *Théorie d'ensemble*, Paris, Éd. du Seuil, 1968.

« L'effet de réel », *Communications*, II.

« La mort de l'auteur », *Mantéia*, V.

1969 « La peinture est-elle un langage ? » (sur J.-L. Schefer), *La Quinzaine littéraire*, 1er mars 1969.

« Un cas de critique culturelle » (sur les Hippies), *Communications*, 14.

1970 « Ce qu'il advient au signifiant », préface à *Eden, Eden, Eden*, de Pierre Guyotat, Paris, Gallimard, 1970.

Préface à *Erté* (en italien), Parme, Franco-Maria Ricci, 1970 (version française en 1973).

« *Musica practica* » (sur Beethoven), *L'Arc*, 40.

« L'Etrangère » (sur Julia Kristeva), *La Quinzaine littéraire*, 1er mai 1970.

« L'esprit et la lettre » (sur *La Lettre et l'image*, de Massin), *La Quinzaine littéraire*, 1er juin 1970.

« Le troisième sens, notes de recherche sur quelques photogrammes de S. M. Eisenstein », *Cahiers du cinéma*, 222.

« L'ancienne Rhétorique, aide-mémoire », *Communications*, 16.

1971 « Style and its images », in *Literary Style : a Symposium*, éd. S. Chatman, Londres et New York, Oxford University Press, 1971.

« Digressions », *Promesses*, 29.

1971 « De l'œuvre au texte », *Revue d'esthétique*, 3.

« Écrivains, intellectuels, professeurs », *Tel Quel*, 47.

« Réponses », *Tel Quel*, 47.

« Languages at war in a culture at peace », *Times Literary Supplement*, 8 octobre 1971.

1972 « Le grain de la voix », *Musique en jeu*, 9.

1973 « Théorie du Texte » (article « Texte »), *Encyclopaedia Universalis*, tome XV.

« Les sorties du texte », in *Bataille*, Paris, Union générale d'éditions, « 10/18 », 1973.

« Diderot, Brecht, Eisenstein », in *Cinéma, théorie, lectures* (numéro spécial de la *Revue d'esthétique*), Paris, Klincksieck.

« Saussure, le signe, la démocratie », *Le Discours social*, 3-4.

« Réquichot et son corps », in *L'Œuvre de Bernard Réquichot*, Bruxelles, Éd. de la Connaissance, 1973.

« Aujourd'hui, Michelet », *L'Arc*, 52.

« Par-dessus l'épaule » (sur *H* de Ph. Sollers), *Critiques*, 318.

« Comment travaillent les écrivains » (interview), *Le Monde*, 27 septembre 1973.

1974 « Premier texte » (pastiche du *Criton*), *L'Arc*, 56.

« Au séminaire », *L'Arc*, 56.

« Alors la Chine ? », *Le Monde*, 24 mai 1974.

OUVRAGES ET NUMÉROS DE REVUES CONSACRÉS
  À ROLAND BARTHES

Mallac (Guy de) et Eberbach (Margaret), *Barthes*, Paris, Éditions universitaires, « Psychothèque », 1971.

Calvet (Louis-Jean), *Roland Barthes, un regard politique sur le signe*, Paris, Payot, 1973.

Heath (Stephen), *Vertige du déplacement, lecture de Barthes*, Paris, Fayard, « Digraphe », 1974.

Numéro spécial de la revue *Tel Quel*, 47, automne 1971.

Numéro spécial de la revue *L'Arc*, 56, 1974.

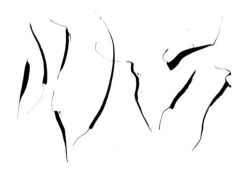

La graphie pour rien...

… ou le signifiant sans signifié.

Repères

Adjectif : 51, 138, 208.
Aimer : 136.
Algorithmes : 121.
Allégories : 148.
Alphabet : 176.
Amis : 58, 77-78.
Amour : 75, 76, 79, 104, 109-110, 136.
Amphibologies : 86-88.
Antithèse : 166-167.
Appel (des morts) : 53.
Argo : 55, 137, 196.
Avant-garde : 65, 129, 143, 161, 211.

Babil : 66, 182.
Banalité : 165.
Bayonne : 59, 60-61, 129 s., 163.
Biographème : 132.
« Boîte » : 170.
Brecht : 63, 202, 213.
Bredouillement : 169.

Céline et Flora : 102.
Chahut : 181.
Chine : 57, 197.
Classement : 172.
Classique (écrire classique) : 111.
Comblement : 137.
Complaisance : 127.

Contradictions : 172.
Conversation : 77.
Conviction : 213.
Corps (et politique) : 210.
Corpus : 192-193.

Description : 81.
Dictée : 54, 163.
Diderot : 173.
Distanciation : 201-202.
Division (du langage) : 138-139, 150, 201.
Doxa : 56, 85-86, 98, 147-148, 184.
Doxologie : 56.
Drague : 86.
Drogue : 211.

Échelonnement : 79-80, 116, 126-127, 195, 209.
Écrivain (fantasme) : 93, 99.
Effets (de langage) : 93.
Encyclopédie : 178.
Engouement : 134.
Érotisation : 75.
Étymologiques (sciences) : 167.
Exclusion : 102, 118, 146.
Excoriation : 182-183.
Expression : 104, 136, 213.

Fable : 181.
Fascination : 61-62.
Fatigue (du langage) : 107, 212.
Feinte : 145.
Finir (le livre) : 196.
Fragments : 111-115, 176.

Gide : 93, 121.
Grimace : 152.
Guillemets : 107, 127, 195.

Hegel : 122, 200.
Heine : 137.
Homosexualité : 77, 83, 160, 180.
Hystérie : 149-150, 161.

Idéologie : 56, 98, 107, 125-126, 211.
Imaginaire : 51, 53, 78, 98, 106, 123, 126-128, 137, 151, 171, 183, 186, 193, 201-203, 207-209, 214.
Incidents : 181.
Index : 112.
Individualisme : 128.
Influence : 89, 128-129.
Intellectuel : 124.
Ironie : 52.

Jactance : 179.

Lecteur : 127.
Libéralisme : 140.
Lyrisme : 102.

Marrac : 146.
Marxisme : 188.
Maxime : 214.
Méchanceté : 202.
Méduse : 147-148.
Migraines : 72, 149-150.
Militant : 125-126, 185.
Minoritaire (situation) : 157-158.
Mode : 150-151, 153.
Moralité : 77-78, 198, 202.
Morts (texte des Morts) : 179.

Neutre : 118, 149.
Noms propres : 60-61.

Parenthèses : 127.
Parleur : 63.
Peur : 58, 138, 174.
Phrase : 125, 175, 214-215.
Politique : 63-64, 152-153, 166, 175-176, 185-186, 210.
Potin : 138, 202.
Privé : 98.
Pronoms : 67-68, 199, 202-203.
Prospectus : 209.
Proust : 104, 163.

Racisme : 78-79*.
Recevable : 142.
Relations privilégiées : 78-79.
Réplique (la dernière) : 60, 113, 145, 204.

[* Il semble qu'ici R.B. ait fait une erreur : il faut sans doute lire 83-84. N.d.É.]

Résumé : 70.
Rhétorique : 114.
Rite : 78.
Roman : 144.
Romanesque : 109.

Scopie : 193.
Sémiologie : 192.
Sentimentalité : 79.
Sexualité : 186, 197-198.
Sexy : 197.
Sidération : 147-148.
Signalétique : 212.
Signature : 68, 199.
Signe : 158.
Spirale : 83, 106.
Sujet (sans référent) : 68.
Surdétermination : 55.

Symbolique : 68, 184.
Sympathie : 165.

Tableau (noir) : 53.
Ton (d'aphorisme) : 214.
Topique : 77-78.
Transgression : 79.
Transparence : 166.
Travail (du mot) : 137.

Viril (/non viril) : 160.
Virilité (protestation) : 124.
Vision : 108, 193.
Voix : 81, 179.
Vol (de langage) : 110, 167, 201.
Vulgarité : 106, 152.

Textes cités

LIVRES

CV *Critique et vérité,* 1966

DZ *Le Degré zéro de l'écriture,* éd. 1972

EC *Essais critiques,* 1964

EpS *L'Empire des signes,* 1971

Mi *Michelet par lui-même,* 1954

My *Mythologies,* éd. 1970

NEC *Nouveaux essais critiques,* éd. 1972

PlT *Le Plaisir du texte,* 1973

SFL *Sade, Fourier, Loyola,* 1971

SM *Système de la Mode,* 1967

SR *Sur Racine,* 1963

S/Z *S/Z,* 1970

PRÉFACES, CONTRIBUTIONS, ARTICLES

Er *Erté,* 1970

Ré *Réquichot,* 1973

SI « Style ands its Image », 1971

ST « Les sorties du texte », 1973

TE « La Tour Eiffel », 1964

1942 « Notes sur André Gide et son Journal »

1944 « En Grèce »

1953 « Pouvoirs de la tragédie antique »

1954 « Pré-romans »

1956 « Aujourd'hui ou Les Coréens »

1962 « A propos de deux ouvrages de Cl. Lévi-Strauss »

1968 « La mort de l'auteur »

1969, I « La peinture est-elle un langage ? »

1969, II « Un cas de critique culturelle »

1970, I « L'esprit et la lettre »

1970, II « L'ancienne rhétorique »

1971, I « Digressions »

1971, II « Réponses »

1973 « Aujourd'hui, Michelet »

1974 « Premier texte »

*Illustrations** *

Couverture : Roland Barthes, Souvenir de Juan-les-Pins, été 1974.

Biscarosse, Landes, vers 1932. La mère du narrateur. 4

Bayonne, la rue Port-Neuf, ou rue des Arceaux (photo Roger-Viollet). 8

Bayonne, Marrac, vers 1923. Avec sa mère. 11

Bayonne (cartes postales, collection Jacques Azanza). 12-13

Maison grand-paternelle, à Bayonne, allées Paulmy. 15

Enfant, dans le jardin de la maison grand-paternelle. 16

La grand-mère paternelle du narrateur. 17

Le capitaine Binger (lithographie). « BINGER (*jé*), (Louis-Gustave), officier et administrateur français, né à Strasbourg, mort à L'Isle-Adam (1856-1936). Il explora le pays de la boucle du Niger jusqu'au golfe de Guinée et la côte d'Ivoire » (*Larousse*). 18

Léon Barthes. 19

Berthe, Léon Barthes et leur fille Alice. 21

Noémi Révelin. 21

Alice Barthes, tante du narrateur. 22

Louis Barthes. 23

---

* Sauf mention particulière, les documents appartiennent à l'auteur.

Bayonne vers 1925. Les allées Paulmy (carte postale).   24

Bayonne, les Allées marines (carte postale).   25

Reconnaissance de dette de Léon Barthes à son oncle.   26

Les arrière-grands-parents Barthes et leurs enfants.   27

Bayonne, Louis Barthes et sa mère. – Paris, rue S., la mère et le frère du narrateur.   28

Cherbourg, 1916.   29

Sur une petite plage de Ciboure, aujourd'hui disparue, vers 1918.   30

Bayonne, Marrac, vers 1919.   31

Bayonne, Marrac, 1923.   32

Tokyo, 1966. – Milan, vers 1968 (photo Carla Cerati).   33

La maison d'U. (photo Myriam de Ravignan).   34

Biscarosse, Landes, avec sa mère et son frère.   35

Biscarosse, Landes, vers 1932.   36

Paris, 1974 (photo Daniel Boudinet).   37

Hendaye, 1929.   38

1932, sortant du lycée Louis-le-Grand, sur le boulevard Saint-Michel, avec deux camarades.   39

1933, devoir de Première.   40

1936, représentation des *Perses* dans la cour de la Sorbonne par les étudiants du Groupe de théâtre antique de la Sorbonne.   41

1937, au bois de Boulogne.   42

Au Sanatorium des Étudiants : la feuille de température (1942-1945).   43

1942, au Sanatorium. – 1970 (photo Jerry Bauer).   45

Paris, 1972.   46

Paris, 1972. – Juan-les-Pins, maison de Daniel Cordier, été 1974 (photo Youssef Baccouche).   47

Palmiers au Maroc (photo Alain Benchaya).   48

Paris, 1974 (photo Daniel Boudinet).   50

Roland Barthes, composition musicale sur une poésie de Charles d'Orléans, 1939.   69

Roland Barthes, fiches de travail.   92

Roland Barthes, Markers de couleur, 1971.   103

Roland Barthes, manuscrit d'un fragment.   120

Roland Barthes, Markers de couleur, 1972.   133

International Herald Tribune, 12-13 octobre 1974.   154

Dessin de Maurice Henry : Michel Foucault, Jacques Lacan, Claude Lévi-Strauss et Roland Barthes (*La Quinzaine littéraire*).   177

Épreuves du CAPES, Lettres modernes (femmes), 1972 : rapport du jury de concours.   187

Roland Barthes, fiches.   194

Séminaire de l'École des hautes études, 1974 (photo Daniel Boudinet).   205

Encyclopédie de Diderot : Anatomie : les troncs de la veine cave avec leurs branches disséquées dans un corps adulte.   217

Roland Barthes, Encre, 1971.   229

Roland Barthes, Graphie, 1972.   230

Table

Images, 11.

Fragments, 51.

Actif/réactif : 51. – L'adjectif : 51. – L'aise : 52. – Le démon de l'analogie : 52. – Au tableau noir : 53. – L'argent : 54. – Le vaisseau Argo : 55. – L'arrogance : 56. – Le geste de l'aruspice : 57. – L'assentiment, non le choix : 57. – Vérité et assertion : 58. – L'atopie : 58. – L'autonymie : 59.

La baladeuse : 59. – Quand je jouais aux barres : 60. – Noms propres : 60. – De la bêtise, je n'ai le droit... : 61. – L'amour d'une idée : 62. – La jeune fille bourgeoise : 62. – L'amateur : 63. – Reproche de Brecht à R.B. : 63.

Le chantage à la théorie : 65. – Charlot : 65. – Le plein du cinéma : 66. – Clausules : 66. – La coïncidence : 67. – Comparaison est raison : 68. – Vérité et consistance : 70. Contemporain de quoi ? : 70. – Éloge ambigu du contrat : 71. – Le contretemps : 72. – Mon corps n'existe... : 72. – Le corps pluriel : 73. – La côtelette : 73. – La courbe folle de l'imago : 74. – Couples de mots-valeurs : 74. – La double crudité : 75.

Décomposer/détruire : 76. – La déesse H. : 77. – Les amis : 77. – La relation privilégiée : 78. – Transgression de la transgression : 79. – Le second degré et les autres : 79. – La dénotation comme vérité du langage : 80. – Sa voix : 81. – Détacher : 82. – Dialectiques : 82. – Pluriel, différence, conflit : 83. – Le goût de la division : 84. – Au piano, le doigté... : 84. – Le mauvais objet : 85. – Doxa/paradoxa : 85. – La Papillonne : 86. – Amphibologies : 86.

En écharpe : 88. – La chambre d'échos : 89. – L'écriture commence par le style : 90. – À quoi sert l'utopie : 90. – L'écrivain comme fantasme : 93. – Nouveau sujet, nouvelle science : 93. – Est-ce toi, chère Élise... : 94. – L'ellipse : 95. – L'emblème, le gag : 95. – Une société d'émetteurs : 96.

– Emploi du temps : 96. – Le privé : 98. – En fait... : 98. – Éros et le théâtre : 99. – Le discours esthétique : 100. – La tentation ethnologique : 100. – Étymologies : 101. – Violence, évidence, nature : 101. – L'exclusion : 102. – Céline et Flora : 102. – L'exemption de sens : 104.

Le fantasme, pas le rêve : 105. – Un fantasme vulgaire : 106. – Le retour comme farce : 106. – La fatigue et la fraîcheur : 107. – La fiction : 108. – La double figure : 109. – L'amour, la folie : 109. – Forgeries : 110. – Fourier ou Flaubert ? : 111. – Le cercle des fragments : 111. – Le fragment comme illusion : 114. – Du fragment au journal : 114. – La fraisette : 115. – Français : 116. – Fautes de frappe : 116. – Le frisson du sens : 117.

L'induction galopante : 118. – Gaucher : 118. – Les gestes de l'idée : 119. – Abgrund : 119. – Le goût des algorithmes : 121.

Et si je n'avais pas lu... : 122. – Hétérologie et violence : 122. – L'imaginaire de la solitude : 123. – Hypocrisie ? : 123.

L'idée comme jouissance : 124. – Les idées méconnues : 124. – La phrase : 125. – Idéologie et esthétique : 125. – L'imaginaire : 126. – Le dandy : 128. – Qu'est-ce que l'influence ? : 128. – L'instrument subtil : 129.

Pause : *anamnèses* : 129.

Bête ? : 132. – La machine de l'écriture : 132.

À jeun : 134. – Lettre de Jilali : 134. – Le paradoxe comme jouissance : 135. – Le discours jubilatoire : 136. – Comblement : 137. – Le travail du mot : 137. – La peur du langage : 138. – La langue maternelle : 138. – Le lexique impur : 139. – J'aime, je n'aime pas : 139. – Structure et liberté : 141. – L'acceptable : 141. – Lisible, scriptible et au-delà : 142. – La littérature comme mathésis : 142. – Le livre du Moi : 143. – La loquèle : 144. – Lucidité : 145.

Le mariage : 145. – Un souvenir d'enfance : 146. – Au petit matin : 146. – Méduse : 147. – Abou Nowas et la métaphore : 148. – Les allégories linguistiques : 148. – Migraines : 149. – Le démodé : 150. – La mollesse des grands mots : 151. – Le mollet de la danseuse : 152. – Politique/morale : 152. – Mot-mode : 153. – Mot-valeur : 153. – Mot-couleur : 155. – Mot-mana : 156. – Le mot transitionnel : 156. – Le mot moyen : 157.

Le naturel : 157. – Neuf/nouveau : 158. – Le neutre : 158. – Actif/passif : 160. – L'accommodation : 161. – Le numen : 161.

Passage des objets dans le discours : 162. – Odeurs : 163. – De l'écriture à l'œuvre : 164. – « On le sait » : 165. – Opacité et transparence : 166. – L'antithèse : 166. – La défection des origines : 167. – Oscillation de la valeur : 167.

Paradoxa : 168. – Le léger moteur de la paranoïa : 169. – Parler/embrasser : 169. – Les corps qui passent : 170. – Le jeu, le pastiche : 171. – Patch-work : 171. – La couleur : 171. – La personne divisée ? : 172. – Partitif : 173. – Bataille, la peur : 174. – Phases : 174. – Effet bienfaisant d'une phrase : 175. – Le texte politique : 175. – L'alphabet : 176. – L'ordre dont je ne me souviens plus : 178. – L'œuvre comme polygraphie : 178. – Le langage-prêtre : 178. – Le discours prévisible : 179. – Projets de livres : 179. – Rapport à la psychanalyse : 180. – Psychanalyse et psychologie : 180.

« Qu'est-ce que ça veut dire ? » : 181.

Quel raisonnement? : 182. – La récession : 183. – Le réflexe structural : 184. – Le règne et le triomphe : 184 – Abolition du règne des valeurs : 185. – Qu'est-ce qui limite la représentation ? : 185. – Le retentissement : 186. – Réussi/raté : 186. – Du choix d'un vêtement : 188. – Le rythme : 188.

Que ça se sache : 189. – Entre Salamanque et Valladolid : 189. – Exercice scolaire : 190. – Le savoir et l'écriture : 190. – La valeur et le savoir : 190. – La scène : 191. – La science dramatisée : 192. – Je vois le langage : 193. – Sed contra : 195. – La seiche et son encre : 196. – Projet d'un livre sur la sexualité : 196. – Le sexy : 197. – Fin heureuse de la sexualité ? : 197. – Le shifter comme utopie : 198. – Dans la signification, trois choses : 199. – Une philosophie simpliste : 200. – Singe entre les singes : 200. – La division sociale : 201. – Moi, je : 201. – Un mauvais sujet politique : 203. – La surdétermination : 203. – La surdité à son propre langage : 204. – La symbolique d'État : 204. – Le texte symptomal : 206. – Système/systématique : 206. Tactique/stratégie : 206.

Plus tard : 207. – Tel Quel : 210. – Le temps qu'il fait : 210. – Terre promise : 211. – Ma tête s'embrouille : 211. – Le théâtre : 212. – Le thème : 213. – Conversion de la valeur en théorie : 214. – La maxime : 214. – Le monstre de la totalité : 215.

BIOGRAPHIE : 219. – BIBLIOGRAPHIE 1942-1974 : 223. – REPÈRES : 231. – TEXTES CITÉS : 235. – ILLUSTRATIONS : 237.

IMPRESSION : GIBERT CLAREY
DÉPÔT LÉGAL : JANVIER 2015. N° 122606-2 (15010150)
IMPRIMÉ EN FRANCE

Éditions Points

Le catalogue complet de nos collections est sur
Le Cercle Points, ainsi que des interviews de vos
auteurs préférés, des jeux-concours, des conseils
de lecture, des extraits en avant-première…

www.lecerclepoints.com

Collection Points Essais

545. Souffle-Esprit, *par François Cheng*
546. La Terreur et l'Empire, *par Pierre Hassner*
547. Amours plurielles, *par Ruedi Imbach et Inigo Atucha*
548. Fous comme des sages
     par Roger-Pol Droit et Jean-Philippe de Tonnac
549. Souffrance en France, *par Christophe Dejours*
550. Petit Traité des grandes vertus, *par André Comte-Sponville*
551. Du mal/Du négatif, *par François Jullien*
552. La Force de conviction, *par Jean-Claude Guillebaud*
553. La Pensée de Karl Marx, *par Jean-Yves Calvez*
554. Géopolitique d'Israël, *par Frédérique Encel, François Thual*
555. La Méthode
     6. Éthique, *par Edgar Morin*
556. Hypnose mode d'emploi, *par Gérard Miller*
557. L'Humanité perdue, *par Alain Finkielkraut*
558. Une saison chez Lacan, *par Pierre Rey*
559. Les Seigneurs du crime, *par Jean Ziegler*
560. Les Nouveaux Maîtres du monde, *par Jean Ziegler*
561. L'Univers, les Dieux, les Hommes, *par Jean-Pierre Vernant*
562. Métaphysique des sexes, *par Sylviane Agacinski*
563. L'Utérus artificiel, *par Henri Atlan*
564. Un enfant chez le psychanalyste, *par Patrick Avrane*
565. La Montée de l'insignifiance, Les Carrefours du labyrinthe IV
     par Cornelius Castoriadis
566. L'Atlantide, *par Pierre Vidal-Naquet*
567. Une vie en plus, *par Joël de Rosnay,*
     Jean-Louis Servan-Schreiber, François de Closets,
     Dominique Simonnet
568. Le Goût de l'avenir, *par Jean-Claude Guillebaud*
569. La Misère du monde, *par Pierre Bourdieu*
570. Éthique à l'usage de mon fils, *par Fernando Savater*

571. Lorsque l'enfant paraît t. 1, *par Françoise Dolto*
572. Lorsque l'enfant paraît t. 2, *par Françoise Dolto*
573. Lorsque l'enfant paraît t. 3, *par Françoise Dolto*
574. Le Pays de la littérature, *par Pierre Lepape*
575. Nous ne sommes pas seuls au monde, *par Tobie Nathan*
576. Ricœur, *textes choisis et présentés par Michael Fœssel et Fabien Lamouche*
577. Cantatrix Sopranica L. et autres écrits scientifiques *par Georges Perec*
578. Philosopher à Bagdad au Xe siècle, *par Al-Fârâbî*
579. Mémoires. 1. La brisure et l'attente (1930-1955) *par Pierre Vidal-Naquet*
580. Mémoires. 2. Le trouble et la lumière (1955-1998) *par Pierre Vidal-Naquet*
581. Discours du récit, *par Gérard Genette*
582. Le Peuple « psy », *par Daniel Sibony*
583. Ricœur 1, *par L'Herne*
584. Ricœur 2, *par L'Herne*
585. La Condition urbaine, *par Olivier Mongin*
586. Le Savoir-déporté, *par Anne-Lise Stern*
587. Quand les parents se séparent, *par Françoise Dolto*
588. La Tyrannie du plaisir, *par Jean-Claude Guillebaud*
589. La Refondation du monde, *par Jean-Claude Guillebaud*
590. La Bible, *textes choisis et présentés par Philippe Sellier*
591. Quand la ville se défait, *par Jacques Donzelot*
592. La Dissociété, *par Jacques Généreux*
593. Philosophie du jugement politique, *par Vincent Descombes*
594. Vers une écologie de l'esprit 2, *par Gregory Bateson*
595. L'Anti-livre noir de la psychanalyse *par Jacques-Alain Miller*
596. Chemins de sable, *par Chantal Thomas*
597. Anciens, Modernes, Sauvages, *par François Hartog*
598. La Contre-Démocratie, *par Pierre Rosanvallon*
599. Stupidity, *par Avital Ronell*
600. Fait et à faire. Les carrefours du labyrinthe V *par Cornelius Castoriadis*
601. Au dos de nos images, *par Luc Dardenne*
602. Une place pour le père, *par Aldo Naouri*
603. Pour une naissance sans violence, *par Frédérick Leboyer*
604. L'Adieu au siècle, *par Michel del Castillo*
605. La Nouvelle Question scolaire, *par Éric Maurin*
606. L'Étrangeté française, *par Philippe d'Iribarne*
607. La République mondiale des lettres, *par Pascale Casanova*
608. Le Rose et le Noir, *par Frédéric Martel*

609. Amour et justice, *par Paul Ricœur*
610. Jésus contre Jésus, *par Gérard Mordillat et Jérôme Prieur*
611. Comment les riches détruisent la planète, *par Hervé Kempf*
612. Pascal, *textes choisis et présentés par Philippe Sellier*
613. Le Christ philosophe, *par Frédéric Lenoir*
614. Penser sa vie, *par Fernando Savater*
615. Politique des sexes, *par Sylviane Agacinski*
616. La Naissance d'une famille, *par T. Berry Brazelton*
617. Aborder la linguistique, *par Dominique Maingueneau*
618. Les Termes clés de l'analyse du discours
      par Dominique Maingueneau
619. La grande image n'a pas de forme, *par François Jullien*
620. « Race » sans histoire, *par Maurice Olender*
621. Figures du pensable, Les Carrefours du labyrinthe VI
      par Cornelius Castoriadis
622. Philosophie de la volonté 1, *par Paul Ricœur*
623. Philosophie de la volonté 2, *par Paul Ricœur*
624. La Gourmandise, *par Patrick Avrane*
625. Comment je suis redevenu chrétien
      par Jean-Claude Guillebaud
626. Homo juridicus, *par Alain Supiot*
627. Comparer l'incomparable, *par Marcel Detienne*
628. Rumeurs, *par Jean-Noël Kapferer*
629. Totem et Tabou, *par Sigmund Freud*
630. Malaise dans la civilisation, *par Sigmund Freud*
631. Roland Barthes, *par Roland Barthes*
632. Mes démons, *par Edgar Morin*
633. Réussir sa mort, *par Fabrice Hadjadj*
634. Sociologie du changement
      par Philippe Bernoux
635. Mon père. Inventaire, *par Jean-Claude Grumberg*
636. Le Traité du sablier, *par Ernst Jüng*
637. Contre la barbarie, *par Klaus Mann*
638. Kant, *textes choisis et présentés*
      par Michaël Fœssel et Fabien Lamouche
639. Spinoza, *textes choisis et présentés par Frédéric Manzini*
640. Le Détour et l'Accès, *par François Jullien*
641. La Légitimité démocratique, *par Pierre Rosanvallon*
642. Tibet, *par Frédéric Lenoir*
643. Terre-Patrie, *par Edgar Morin*
644. Contre-prêches, *par Abdelwahab Meddeb*
645. L'Éros et la Loi, *par Stéphane Mosès*
646. Le Commencement d'un monde
      par Jean-Claude Guillebaud

647. Les Stratégies absurdes, *par Maya Beauvallet*
648. Jésus sans Jésus, *par Gérard Mordillat et Jérôme Prieur*
649. Barthes, *textes choisis et présentés par Claude Coste*
650. Une société à la dérive, *par Cornelius Castoriadis*
651. Philosophes dans la tourmente
     par Élisabeth Roudinesco
652. Où est passé l'avenir ?, *par Marc Augé*
653. L'Autre Société, *par Jacques Généreux*
654. Petit Traité d'histoire des religions, *par Frédéric Lenoir*
655. La Profondeur des sexes, *par Fabrice Hadjadj*
656. Les Sources de la honte, *par Vincent de Gaulejac*
657. L'Avenir d'une illusion, *par Sigmund Freud*
658. Un souvenir d'enfance de Léonard de Vinci
     par Sigmund Freud
659. Comprendre la géopolitique, *par Frédéric Encel*
660. Philosophie arabe
     textes choisis et présentés par Pauline Koetschet
661. Nouvelles Mythologies, *sous la direction de Jérôme Garcin*
662. L'Écran global, *par Gilles Lipovetsky et Jean Serroy*
663. De l'universel, *par François Jullien*
664. L'Âme insurgée, *par Armel Guerne*
665. La Raison dans l'histoire, *par Friedrich Hegel*
666. Hegel, *textes choisis et présentés par Olivier Tinland*
667. La Grande Conversion numérique, *par Milad Doueihi*
668. La Grande Régression, *par Jacques Généreux*
669. Faut-il pendre les architectes ?, *par Philippe Trétiack*
670. Pour sauver la planète, sortez du capitalisme
     par Hervé Kempf
671. Mon chemin, *par Edgar Morin*
672. Bardadrac, *par Gérard Genette*
673. Sur le rêve, *par Sigmund Freud*
674. Claude Lévi-Strauss et l'anthropologie structurale
     par Marcel Hénaff
675. L'Expérience totalitaire. La signature humaine 1
     par Tzvetan Todorov
676. Manuel de survie des dîners en ville
     par Sven Ortoli et Michel Eltchaninoff
677. Casanova, l'homme qui aimait vraiment les femmes
     par Lydia Flem
678. Journal de deuil, *par Roland Barthes*
679. La Sainte Ignorance, *par Olivier Roy*
680. La Construction de soi
     par Alexandre Jollien
681. Tableaux de famille, *par Bernard Lahire*

682. Tibet, une autre modernité
     par Jean-Pierre Barou et Sylvie Crossman
683. D'après Foucault
     par Philippe Artières et Mathieu Potte-Bonneville
684. Vivre seuls ensemble. La signature humaine 2
     par Tzvetan Todorov
685. L'Homme Moïse et la Religion monothéiste
     par Sigmund Freud
686. Trois Essais sur la théorie de la sexualité
     par Sigmund Freud
687. Pourquoi le christianisme fait scandale
     par Jean-Pierre Denis
688. Dictionnaire des mots français d'origine arabe
     par Salah Guemriche
689. Oublier le temps, *par Peter Brook*
690. Art et figures de la réussite, *par Baltasar Gracián*
691. Des genres et des œuvres, *par Gérard Genette*
692. Figures de l'immanence, *par François Jullien*
693. Risquer la liberté, *par Fabrice Midal*
694. Le Pouvoir des commencements
     par Myrian Revault d'Allonnes
695. Le Monde moderne et la Condition juive, *par Edgar Morin*
696. Purifier et détruire, *par Jacques Semelin*
697. De l'éducation, *par Jean Jaurès*
698. Musicophilia, *par Oliver Sacks*
699. Cinq Conférences sur la psychanalyse, *par Sigmund Freud*
700. L'oligarchie ça suffit, vive la démocratie, *par Hervé Kempf*
701. Le Silence des bêtes, *par Elisabeth de Fontenay*
702. Injustices, *par François Dubet*
703. Le Déni des cultures, *par Hugues Lagrange*
704. Le Rabbin et le Cardinal
     par Gilles Bernheim et Philippe Barbarin
705. Le Métier d'homme, *par Alexandre Jollien*
706. Le Conflit des interprétations, *par Paul Ricœur*
707. La Société des égaux, *par Pierre Rosanvallon*
708. Après la crise, *par Alain Touraine*
709. Zeugma, *par Marc-Alain Ouaknin*
710. L'Orientalisme, *par Edward W. Said*
711. Un sage est sans idée, *par François Jullien*
712. Fragments de vie, *par Germaine Tillion*
713. Le Délire et les Rêves dans la Gradiva de W. Jensen
     par Sigmund Freud
714. La Montée des incertitudes, *par Robert Castel*
715. L'Art d'être heureux, *par Arthur Schopenhauer*

716. Une histoire de l'anthropologie, *par Robert Deliège*
717. L'Interprétation du rêve, *par Sigmund Freud*
718. D'un retournement l'autre, *par Frédéric Lordon*
719. Lost in management, *par François Dupuy*
720. 33 Newport Street, *par Richard Hoggart*
721. La Traversée des catastrophes, *par Pierre Zaoui*
722. Petit dictionnaire de droit constitutionnel
     par Guy Carcassonne
723. La Tranquillité de l'âme, *par Sénèque*
724. Comprendre le débat européen, *par Michel Dévoluy*
725. Un monde de fous, *par Patrick Coupechoux*
726. Comment réussir à échouer, *par Paul Watzlawick*
727. L'Œil de l'esprit, *par Oliver Sacks*
728. Des yeux pour guérir, *par Francine Shapiro*
     et Margot Silk Forrest
729. Simone Weil, le courage de l'impossible
     par Christiane Rancé
730. Le Philosophe nu, *par Alexandre Jollien*
731. Le Paradis à la porte, *par Fabrice Hadjadj*
732. Emmanuel Mounier, *par Jean-Marie Domenach*
733. L'Expérience concentrationnaire, *par Michael Pollak*
734. Agir dans un monde incertain, *par Michel Callon,*
     Pierre Lascoumes, Yannick Barthe
735. Le Travail créateur, *par Pierre-Michel Menger*
736. Comment survivre à sa propre famille, *par Mony Elkaïm*
737. Repenser la pauvreté, *par Abhijit V. Banerjee et Esther Duflo*
738. Faites vous-même votre malheur, *par Paul Watzlawick*
739. Au-delà du principe de plaisir, *par Sigmund Freud*
740. Psychologie de masse et analyse du Moi
     par Sigmund Freud
741. Lacan, envers et contre tout, *par Élisabeth Roudinesco*
742. Les Structures sociales de l'économie, *par Pierre Bourdieu*
743. La Double Absence, *par Abdelmalek Sayad*
744. Pourquoi l'amour fait mal, *par Eva Illouz*
745. Fin de l'Occident, naissance du monde
     par Hervé Kempf
746. Vers un nouvel ordre du monde
     par Gérard Chaliand, Michel Jan
747. Les Mots de l'histoire, *par Jacques Rancière*
748. À la recherche de l'école de Palo Alto
     par Jean-Jacques Wittezaele, Teresa García-Rivera
749. L'Art de l'insulte, *par Arthur Schopenhauer*
750. Mythe et religion en Grèce ancienne
     par Jean-Pierre Vernant